AMRA

LEE HARRIS
mit Dianna Edwards

Die ENERGETIK der neuen menschlichen SEELE

Gespräche mit den Z

»Lee Harris ist eines der reinsten und stärksten Medien unserer Zeit.« – Kyle Gray

Aus dem Amerikanischen von
Thomas Görden

AMRA

Besuchen Sie unseren Shop:
www.AmraVerlag.de

Ihre 80-Minuten-Gratis-CD erwartet Sie.
Unser Geschenk an Sie … einfach anfordern!

Amerikanische Originalausgabe:
Conversations with the Z's. Book One.
The Energetics of the New Human Soul

Deutscher Erstdruck im AMRA Verlag
Hotline: + 49 (0) 61 81 – 18 93 92
Kontakt: Info@AmraVerlag.de

Herausgeber & Lektor	Michael Nagula
Einbandgestaltung	Guter Punkt
Layout & Satz	Birgit Letsch
Autorenfoto	Tanya Malott
Druck	CPI books GmbH

ISBN 978-3-95447-694-7 (Buch)
ISBN 978-3-95447-695-4 (eBook)

Inhalt

Vorwort

von Lee Harris

Gespräche können machtvoll und vielschichtig sein. Sie können uns Führung bieten, uns bilden, beruhigen, unterhalten, und sie helfen uns auf mehr Arten, als uns bewusst ist, zu denjenigen zu werden, die wir sind.

Darüber hatte ich noch nie wirklich nachgedacht, bis ich mich darauf vorbereitete, die einleitenden Worte für das vorliegende Buch zu schreiben. Dabei drang diese Erkenntnis sehr stark in mein Bewusstsein. Wir würdigen oft die Zeiten, in denen wir uns nach innen wenden, still werden, meditieren – aber wir vergessen, wie sehr uns die alltäglichen Gespräche beeinflussen, an denen wir teilnehmen oder denen wir zuhören.

Mir ist klar geworden, dass ich durch den Dialog mit anderen am häufigsten meinen Blickwinkel erweitert und etwas Neues über meinen Gesprächspartner oder sogar über mich selbst gelernt habe. Und ich erinnere mich noch immer an weise Worte, die meine Großmutter vor etwa zwanzig Jahren im Gespräch an mich weitergab. Ich erinnere mich auch an etwas, das mein Vater zu mir sagte, als ich ein Teenager war, etwas, das meine Sicht auf die Welt veränderte und erweiterte.

Diese beiden geliebten Menschen sind heute nicht mehr unter uns, aber ihre Worte haben mich geprägt, und ich zweifle nicht daran, dass sie für immer ein Teil meiner Erinnerungen bleiben werden.

Während diese Art von irdischen Dialogen für mich zutiefst hilfreich war, hatte ich auch das Glück, an einer Reihe von Gesprächen teilzunehmen, die für mein Verständnis der Spiritualität, der größeren Fragen des Lebens und der Energie unserer Welt noch einflussreicher waren. Seit genau der Hälfte meines Lebens führe ich nun lebensverändernde gechannelte Gespräche mit meinen geistigen Führern, den Z. Ich hörte sie zum ersten Mal, als ich dreiundzwanzig Jahre alt war.

Es war eine totale Überraschung, denn ich hatte nicht nach solchen Kommunikationen gesucht.

Es war auch deshalb überraschend, weil unser erstes Treffen an einem der unwahrscheinlichsten Orte überhaupt stattfand. Ich fuhr gerade mit der Londoner U-Bahn, als sich mir die Z, eine Gruppe von Wesen aus der neunten Dimension, klar und deutlich vorstellten.

Ich saß in der U-Bahn und mir gingen die üblichen wertenden Gedanken im Kopf herum – Gedanken, die sich hauptsächlich darauf konzentrierten, mich selbst und jene Aspekte meines Lebens zu beurteilen, mit denen ich unglücklich war. Das wird heute oft als »negatives Selbstgespräch« bezeichnet, aber damals war es für mich einfach meine »normale« Art zu denken.

Und an diesem Tag, als ich zur Arbeit fuhr und im Geiste eine Situation Revue passieren ließ, über die ich unglücklich war, hörte ich eine Stimme, die mir sagte: »Das ist ein interessanter Gedanke, doch du irrst dich.«

Dass ich diese andere Stimme hörte, bedeutete einen Paradigmenwechsel. Ohne dass ich es wusste, sollte dies der Tag sein, an dem mir in meinem Leben und meinem Bewusstsein buchstäblich ein Licht aufging. Und es begann eine Beziehung zu meinen geistigen Führern, die mich für immer verändern, beeinflussen und weiten sollte.

Vom ersten Moment an, als ich ihre Worte hörte, war der Unterschied in ihrer Klarheit, Gewissheit und energetischen Helligkeit zu meinen eigenen negativen Selbstgesprächen deutlich spürbar. Die Weisheit und Liebe in ihren Ratschlägen und die körperlich aufbauende Energie, die ich spürte und seitdem jedes Mal spüre, wenn ich mit ihnen in Kontakt trete, sind tiefgreifend und unbestreitbar.

Ich werde oft gefragt, ob ich denn keine Angst hatte, als ich meine geistigen Führer zum ersten Mal hörte. Darauf gebe ich immer die gleiche Antwort: ganz und gar nicht – ich fühlte mich mit und bei ihnen zu Hause. Ich war jedoch sofort besorgt darüber, wie andere mich aufgrund dieser Erfahrung wahrnehmen könnten.

In meinem ersten Channeling-Buch, *Energie spricht*, erzähle ich ausführlich die ganze Geschichte, wie ich ihnen zum ersten Mal begegnete und welche Veränderungen und Lernprozesse das bei mir bewirkte. Das Buch präsentiert anschließend eine breite Palette von Themen und Lehren der Z, die sie durch mich im ersten Jahrzehnt unserer »Vorträge« übermittelten, während öffentlicher Workshops und in Form von Audioaufzeichnungen.

Das hier vorliegende neue Buch war für mich eine Überraschung, da es alles andere als »geplant« war, aber bei den Z habe ich mit der Zeit gelernt, mich diesem Zauber hinzugeben. Und so freue ich mich, ein neues Kapitel mit den Z zu präsentieren, das uns in eine neue Richtung führt: in die Kunst, mit ihnen Gespräche zu führen.

Diese Gespräche, die von meiner guten Freundin Dianna Edwards moderiert werden, offenbaren und ermöglichen eine ganz andere Sichtweise auf die Welt, in der wir leben, und die Zeiten, die wir durchleben. Sie bieten auch neue Einsichten darüber, wer die Z sind, wie sie die Welt sehen und was sie mit uns verbindet.

Ich kann mir keine bessere Gesprächspartnerin für sie vorstellen als Dianna. Sie ist nicht nur eine sehr begabte Psychotherapeutin, sondern auch eine spirituelle »alte Seele«, die wirklich sehr tief mit ihrer eigenen Weisheit und Intuition verbunden ist.

Wir sind seit Jahren befreundet. Sie kam für eine private Sitzung zu mir, damals, als ich solche Sitzungen noch anbot. Sie erklärte mir, dass es nicht ihre Gewohnheit sei, zu derartigen Sitzungen zu gehen, da sie bei der Zusammenarbeit mit anderen Therapeuten sehr wählerisch sei, aber dass etwas sie dazu brachte, mit mir und den Z Verbindung aufzunehmen. Jetzt, einige Jahre der Freundschaft später, ist es für uns ein Quell der Freude, uns an die Art zu erinnern, wie wir damals zusammengeführt wurden, und zu sehen, was sich daraus entwickelt hat.

Mit dem Erscheinen des vorliegenden Buchs, dem Start einer ganzen Buchreihe, zeigt sich für uns beide, was der tiefere Grund für unsere Begegnung war.

Wir haben uns gegenseitig durch unsere Freundschaft unterstützt, und während der ganzen Zeit führten wir viele private Gespräche mit den Z über alle möglichen Themen. Die Kraft dieser Gespräche und Diannas Gabe, die richtigen Fragen zu stellen, veranlassten mich, sie zu bitten, mit mir einige Aufnahmen für meine Mitglieder-Community, *The Portal*, zu machen. Ursprünglich dachten wir, dass es sich nur um ein paar moderierte Gespräche handeln würde, aber sobald wir mit dem ersten Gespräch begannen, wurde klar, dass diese Gespräche einen größeren Bogen spannen und einen anderen Zweck verfolgen würden, als wir beide es uns vorgestellt hatten.

Die Z wollen, dass diese Bücher sich überall verbreiten, das haben sie mir schon in der Nacht des ersten aufgezeichneten Gesprächs mitgeteilt. Sie gaben uns damals einen Entwurf für eine ganze Reihe von Gesprächen durch, die transkribiert und als Bücher veröffentlicht werden sollen, und hier ist der Anfang davon. Dianna und ich freuen uns, dass wir dafür zueinander geführt wurden, und ich bin ihr dankbar, dass sie bereit dazu ist.

Es mag den Anschein haben, dass meine größte Aufgabe als Channelmedium darin besteht, die Worte und die Energie durch mich fließen zu lassen, und das stimmt auch, wenn ich mich im Prozess des Channelns befinde. Aber es ist ebenso wahr, dass ich, als Lee, immer am meisten lerne, wenn ich erfahre, was durch mich gechannelt wurde. Wenn ich mir anhöre, was meine Geistführer zu sagen hatten, später als Zuhörer oder Leser, und wenn ich merke, wie sich mein Körper als Reaktion auf die Wahrheiten, die sie mir mitteilen, anfühlt, wie er heilt oder seine Frequenz erhöht, dann kann ich wahrnehmen, wie ich durch dieses Material selbst zur Ausdehnung und Erweiterung angeregt werde, und ich weiß, dass es vielen von Ihnen genauso ergehen wird.

Ich hoffe, Sie genießen diese faszinierenden Gespräche und finden sie inspirierend, informativ, bewusstseinserweiternd und unterhaltsam. Vielleicht mehr als alles andere hoffe ich, dass sie Ihnen helfen, sich an Ihre Brillanz, Ihr Licht und Ihre einzigartige Bestimmung in dieser Zeit auf der Erde zu erinnern. Das ist es, was die Z uns immer wieder neu ins Gedächtnis rufen.

Denn wir werden alle gebraucht, und unsere Zeit ist jetzt gekommen.

Mit Liebe!

Lee Harris

Vorwort

von Dianna Edwards

Wenn Sie sich mit einer Gruppe von achtundachtzig neundimensionalen Wesen unterhalten könnten, worüber würden Sie dann sprechen?

Mit dieser Frage beschäftigte ich mich fast drei Monate lang, bevor ich das erste einer umfangreichen Reihe von Gesprächen mit den Z aufzeichnete.

Die Z sind die Geistführer meines Freundes Lee Harris. Lee ist ein bekanntes Channelmedium, ein Intuitiver und Musiker. Seine Lieder kanalisieren Frequenzen und Licht genauso wie seine Worte. Die Kombination von beidem ist in diesen einzigartigen Zeiten auf der Erde nicht nur tröstlich, sie verleiht auch Lebenskraft.

Seit über zwanzig Jahren übermittelt Lee die multidimensionalen Botschaften der Z, was anfangs in persönlichen Sitzungen mit privaten Klienten und kleinen Gruppen geschah. Heute erreicht er jeden Monat Hunderttausende Menschen in aller Welt.

Was meine ich mit »multidimensional«? Nun, die Z erklären das in den hier vorliegenden Gesprächen, es ist sogar einer der Eckpfeiler. In einem unserer privaten Gespräche über das Leben und dessen Sinn unterhielten Lee und ich uns darüber, welche Themen für sein Publikum wohl besonders hilfreich wären. Ich erwähnte beiläufig, dass ich die Z gerne ausführlich über bewusstes Leben und Sterben interviewen würde.

Nur wenige Minuten nach meiner Bemerkung präsentierte mir Lee, den die Z einen »Vulkan der Kreativität« genannt haben, Pläne und Ideen für eine ganze Reihe von Gesprächen mit den Z, die eine Vielzahl faszinierender Themen abdecken sollten.

Auch die Z selbst meldeten sich zu Wort.

Die geplanten Gespräche boten den Z anscheinend ein neues Format, in dem sie ihre Botschaften entwickeln und weitergeben konnten. Lee, einer der spontansten Kreativen, mit denen ich je die Ehre hatte, zusammenarbeiten zu dürfen, entwickelte sofort zahlreiche Zeitpläne für dieses Projekt, das innerhalb weniger Monate verwirklicht werden sollte.

Es war klar, dass meine Idee für ein Gespräch über bewusstes Leben und Sterben den Grundstein für viel mehr gelegt hatte. Ich fragte Lee, worauf wir uns fokussieren sollten. Er hörte sofort innerlich: »Die Energetik der neuen menschlichen Seele.«

Ich antwortete: »Das klingt gut. Sollen wir vielleicht erst einmal eine Liste mit Fragen und Themen erstellen, über die wir sprechen wollen?«

»Oh, sie wissen, dass du das kannst«, sagte Lee beiläufig, während er gedanklich bereits zu seinem nächsten Projekt überging, wie es kreative Vulkane zu tun pflegen.

Obwohl ich das Vertrauen, das sowohl die Z als auch Lee in mich setzen, zu schätzen weiß, bleibt die von mir eingangs gestellte Frage: *Wenn Sie sich mit einer Gruppe von achtundachtzig neundimensionalen Wesen unterhalten könnten, worüber würden Sie dann sprechen?*

Ich hatte zweieinhalb Monate Zeit, um es herauszufinden. In diesen Monaten der Vorbereitung gelangte ich zu folgenden Schlussfolgerungen:

- Es gab keine Garantie, dass die Gespräche linear verlaufen würden. Die Z sprechen in Spiralen und Kreisen, und ich musste die Themen, die in diesen Spiralen angesprochen wurden, nachverfolgen und fehlende

Teile durch Nachfragen oder bei weiteren Gesprächen ergänzen.

- Ja/Nein-Fragen waren keine Option.
- Ich musste Fragen stellen, die nicht nur für mich, sondern für Lees Publikum insgesamt von Interesse waren. Und dieses Publikum besteht sowohl aus Menschen, für die Lees Arbeit mit den Z neu und unvertraut ist, als auch aus Mitgliedern seiner Gemeinschaft, die bereits mit einigen der Themen vertraut sind.

Eine der Fähigkeiten, die ich in dieses Projekt einbringen möchte, ist Klarheit und der Fokus auf die Bedeutung dessen, was ich »Zuhören, um zu hören, nicht um zu reagieren« nenne. Zuhören, um zu hören, ist meiner Meinung nach eine ziemlich verlorene Superkraft geworden.

Wenn wir zuhören, um zu hören, was ausgedrückt wird, nicht nur durch die Worte, sondern auch durch deren Frequenz, wird die nächste Frage oder Antwort wahrhaftig sein und das Gespräch vertiefen. Wenn wir nur zuhören, um zu reagieren, führt das zu einer seichteren Qualität mit niedrigerer Frequenz, was niemandem nützt.

Bei den hier versammelten Gesprächen hörte ich nicht nur den Z zu, sondern gleichzeitig einem größeren mehrdimensionalen Publikum.

Auf Ihrer Reise durch die Gespräche mit uns werden Sie möglicherweise feststellen, dass sich der »Plot« nie ganz auflöst. Ein endgültiger Schluss wird nicht erreicht. Sie werden vielleicht sogar feststellen, dass sich ein Gespräch, wenn Sie es einen Tag oder einen Monat später erneut lesen, für Sie anders anfühlt.

Das liegt an der dimensionalen Energie, auf die Sie zugreifen, wenn Sie dieses Buch lesen. Die naheliegendste Metapher, um die eher unerklärliche Energie dieser Dynamik zu erklären, ist die Betrachtung der Gespräche als Informationsspiralen, die oft wiederum ihre eigenen Informationsspiralen haben. Ist Ihr Interesse geweckt? Dann werde ich nun die Z alles Weitere erklären lassen.

Willkommen bei den *Gesprächen mit den Z*. Ich hoffe, Sie finden diese Interviews genauso inspirierend wie ich.

Dianna Edwards

Über die Gespräche

Die jetzt folgenden Gespräche zwischen Dianna und den Z fanden im November 2021 unter vier Augen statt und wurden als Audiomitschnitt aufgezeichnet.

Der Text wurde für dieses Buch überarbeitet, um ihn für die Leser flüssiger zu gestalten.

In den Antworten der Z wurden bestimmte Passagen, die von besonderer Bedeutung sind und deshalb betont werden sollten, durch größere Schrift und eine ansprechende Gestaltung hervorgehoben. Wenn Sie, liebe Leserinnen und Leser, einfach nur kurz in das Buch »eintauchen« möchten, um sich einen Überblick zu verschaffen, können Sie die Seiten überfliegen und nur diese hervorgehobenen Passagen lesen.

Erstes Gespräch

Themen

- Das Einssein ist der rote Faden, der uns alle energetisch miteinander verbindet. Werdet ihr euch dafür öffnen?
- Die Reise, bei der ihr gleichzeitig Mensch und Seele seid.
- Illusionäre Konstrukte, die uns daran hindern, unsere Multidimensionalität zu verstehen.
- Lees Reise mit den Z.
- Wer sind die Z?
- Gebet: Verbindung mit der Einheit, von der ihr ein Teil seid.
- Die Sucht der Menschheit nach Krieg.
- Die Lektionen und Chancen der Selbstsabotage.
- Die Seele zu channeln öffnet euch für Weisheit.

DIANNA: Hallo, ich bin Dianna Edwards, und auf Wunsch der Z bin ich heute hier, um mit ihnen eine Reihe von Gesprächen über die Energetik der neuen menschlichen Seele zu führen, und darüber, welche Kraft darin liegt, unsere Multidimensionalität zu verstehen und mit ihr zu arbeiten. Willkommen, Z.

DIE Z: Sehr schön, willkommen. Wir begrüßen euch alle zu diesem Gespräch. Und wir grüßen dich und danken dir, Dianna, dass du das Gespräch moderierst. Für diejenigen unter euch, die das vorliegende Buch lesen: Die Idee hinter diesem Gespräch ist, dass Dianna dabei zu *euch* wird. Sie wird Fragen stellen, die einige von euch auch stellen würden, und das schenkt euch ein einzigartiges, auf der Schwingungsebene wirksames Leseerlebnis, das doch anders ist als ein direktes Gespräch zwischen euch und uns. Stellt euch dieses Gespräch als einen Energiefluss und eine Übermittlung ganz eigener Art vor. In gewisser Weise wird die Fragestellerin für euch zur Brücke, aber ihr seid auch energetisch und psychisch an dem Gespräch beteiligt. Für einige von euch mag das schwer zu verstehen sein, während andere von euch bereits wissen, wie es funktioniert. Aber wir wollen es so ausdrücken: Wann immer ihr dieses Buch lest, selbst wenn seit dem Gespräch zwischen Dianna und uns, das hier aufgezeichnet wurde, viele Jahre vergangen sind, begegnet ihr den Worten in eurer Gegenwart und beeinflusst, was ihr davon akzeptiert und wie ihr damit umgeht. Denn wir senden durch das Gespräch Schwingungen aus, die über die Worte hinausgehen.

Ja, einerseits geht es uns darum, euer Verständnis eurer Welt zum Nutzen eurer selbst und der Menschheit in dieser Zeit zu erweitern.

Aber obwohl wir energetisch über die Multidimensionalität von euch als Menschen und Wesen sprechen werden, möchten wir euch daran erinnern, dass es sehr wichtig ist, euer Menschsein, das ihr gegenwärtig erlebt, zu feiern.

Wir verstehen, dass viele von euch sich wünschen, ihr Leben wäre leichter oder heller, doch wir sagen euch, dass ihr hier seid, um genau dieses leichtere und hellere Leben für euch zu erschaffen, jeden Tag.

Wir erlegen euch das nicht als eine Last auf, sondern es ist eine Chance, ein Potenzial. Das ist die Freude des Lebens: im Leben präsent zu sein und Leben, Liebe und eine Frequenz der Verbundenheit in allen Bereichen zu erschaffen. Eure Beziehungen, die Verbindung, die ihr mit eurer Arbeit habt, die Verbindung, die ihr mit dem Land habt, in dem ihr lebt, sogar euer Zuhause und die Art und Weise, wie ihr dieses Zuhause erschaffen habt – all das ist ein Spiegelbild eurer Energetik.

Während wir mit Dianna über diese Reise, gleichzeitig Mensch und Seele zu sein, sprechen werden, bitten wir euch, einen offenen Geist und ein offenes Herz zu bewahren und nicht zu sehr an der Vorstellung festzuhalten, dass ihr euch wünscht, es wäre heute auf der Erde anders.

Ihr geht durch einige stürmische Zeiten in der Erdgeschichte, die schon lange vorhergesagt und prophezeit wurden. Aber es gibt so viel Liebe, Licht und Freude, die nicht nur jetzt auf dem Planeten zu finden sind, sondern, was noch wichtiger ist, die von euch in eurem Inneren erschaffen und dann in die Welt hinausgetragen werden.

Und genau das ist der Zweck und das Wesen dieser Gespräche. Sie werden euer Wissen erweitern, euch helfen, euch für neue Erfahrungen zu öffnen, und eure eigenen schöpferischen Fähigkeiten stärken.

Und so übergeben wir jetzt ohne weitere Vorreden das Wort an Dianna.

DIANNA: Ich danke euch. In früheren Gesprächen, die wir miteinander führten, kamen wir überein, dass wir diese Gespräche damit beginnen sollten, über einige lebenswichtige Gesetze des Universums zu sprechen. Und mit »lebenswichtig« meine ich bestimmte Gesetze, die im Spiel sind, ganz gleich, ob sich der Mensch ihrer bewusst ist oder nicht. Ich schlug vor, mit dem höchsten dieser Gesetze zu beginnen, dem Gesetz des Einsseins. Und ihr habt darauf sanft geantwortet: »Aus unserer Perspektive ist es einfach nur Einssein.« Können wir damit beginnen?

DIE Z: Ja, Einssein. Und wir sollten dem vorausschicken, dass die Gesetze des Universums relativ sind. Die Wahrnehmung eines Menschen ist geprägt davon, was in seiner Realität geschieht, nach seiner eigenen Sichtweise, seiner Wahrnehmungsfähigkeit und seinen Lebenserfahrungen – nicht nur in diesem menschlichen Leben, sondern auch aufgrund jener Prägungen, die seine Seele aus anderen Erdenleben als Mensch mitbringt. Und in der Tat bringt ihr sogar Abdrücke aus Zeiten mit, in denen ihr nicht physisch inkarniert wart, aber ihr habt euch vielleicht für eine gewisse Zeit energetisch auf der Erde oder in ihrer Nähe aufgehalten. Wenn wir also von den Gesetzen des Universums sprechen, müssen wir mit dieser Formulierung für euch alle etwas vorsichtig sein, weil ihr (als menschliche Wesen) fälschlicherweise darauf trainiert wurdet, die Dinge auf eine sehr lineare, eindimensionale Weise zu betrachten. Das heißt, auf der Erde gibt es für euch viel Schwarz/Weiß, richtig/falsch. Es gibt selten Raum für Grautöne oder irgendwas dazwischen.

Die Wahrheit ist, dass es so etwas wie einen Weg nicht gibt. Es gibt lediglich die Vorstellung von einem Weg.

Weil euch antrainiert wurde, eure Realität sehr stark nach Schwarz-Weiß-Kriterien zu beurteilen, haben viele von euch das multidimensionale Denken, Fühlen und Sein aufgegeben. Aber das ist in Ordnung. So ist die momentane Situation auf der Erde. Und in den nächsten hundert bis dreihundert Jahren wird die Menschheit sich tiefgreifend umorientieren – hin zu Multidimensionalität und Einssein. Wir möchten mit euch über das Einssein so sprechen, dass ihr die damit zusammenhängenden universalen Gesetze verstehen könnt. Euch dem Einssein in dieser Zeit der Erdgeschichte mit dem kulturellen Verständnis und der Wahrnehmung, die ihr alle habt, zu nähern, wird gelingen, wenn ihr Einssein als *Liebe* begreift.

Denkt an einen Menschen, den ihr in eurem Leben tief und innig geliebt habt und bei dem ihr das Gefühl hattet, voll und ganz ihr selbst sein zu können.

Ihr wart frei, verletzlich zu sein. Ihr konntet euch bei ihm oder ihr sicher fühlen. Ihr konntet uneingeschränkt Liebe geben und empfangen. Das ist die höchste Oktave der Liebe. So oft wird dies auf eurem Planeten mit der romantischen Liebe verknüpft, als wäre die romantische Liebe die höchste Form. Aber das ist aus unserer Sicht Unsinn. Aus unserer Sicht habt ihr alle die Möglichkeit, einander jeden Tag zu lieben. Und viele von euch tun das auch. Sie helfen einem Fremden, der in Not ist. Ihr (besonders diejenigen unter euch, die Eltern waren oder, wenngleich sie keine Eltern waren, doch eine starke Verbindung zu kleinen Kindern hatten) fühlt diese elterliche, liebevolle, verbindende Energie, sobald ihr die Kleinen seht, denn ihr versteht, dass sie einzigartige, helle, seelenvolle Wesen sind, aber ein gewisses Maß an Schutz, Führung und vielleicht Hilfe brauchen, während sie wachsen.

Diese Energie der Liebe strömt als direkte Antwort durch euch, und ihr schenkt sie dem Kind oder dem Fremden oder dem Wesen in eurem Leben, das ihr liebt. Vielleicht ist es ein Elternteil, vielleicht der beste Freund, vielleicht jemand, den ihr gerade trefft und der euch ein bestimmtes Gefühl vermittelt. Und wir sollten hier nicht die Liebe außer Acht lassen, die viele von euch für Menschen empfinden, die sie nie persönlich trafen, die aber ihr Leben beeinflusst und verändert haben. Vielleicht ist es jemand, dessen Buch ihr lest und der dadurch in eurem Leben eine Veränderung bewirkt – dann werdet ihr Liebe für dieses Buch oder diesen Menschen empfinden. Viele von euch kennen die Liebe zu Künstlern, zu Musikern und anderen Kreativen, die mit ihren Werken euer Leben bereichern und euch unterhalten.

Das Einssein ist (aus unserer Sicht) überall. Die entscheidende Frage ist, ob ihr diese Energie für euch aktiviert. Werdet ihr euch für sie öffnen?

Als einen erleuchteten Menschen könnte man jemanden bezeichnen, der sich erinnert hat, dass Liebe und Verbundenheit (auch bekannt als Einssein) die höchste Oktave sind und dass ihr an allem anderen gar nicht so sehr festzuhalten braucht. Wenn Menschen einen Zustand der Erleuchtung erreicht haben, sieht das übrigens nicht immer so aus, als schwebten sie auf Wolke Sieben. Vielleicht können sie euch einfach nur von der Lernreise erzählen, die notwendig war, bis sie in der Lage waren, die Menschheit oder andere Wesen wirklich zu lieben. Das sind jene, die in der Lage sind, die Frequenz der Liebe und Verbundenheit selbst angesichts der Machtstrukturen aufrechtzuerhalten, die der Menschheit übergestülpt wurden.

Um das noch ein wenig zu vertiefen: Selbst die Vorstellung, die romantische Liebe wäre das Höchste, ist eine Machtstruktur. Wir wollen damit keineswegs sagen, dass romantische Liebe nicht schön und wunderbar ist. Und für viele von euch ist sie der Weg, auf dem ihr euer Herz öffnen und gesunden könnt. Wir wollen sie nicht in Misskredit bringen. Aber wenn ihr euch nur auf sie konzentriert, vergesst ihr, dass ihr als Mensch jederzeit jeden anderen Menschen lieben könnt. Es ist nicht nur eine Wahl in eurem Inneren, es ist eine Schwingungsfrequenz, der ihr zustimmen müsst. Deshalb fühlt ihr euch auch ein wenig liebevoller, wenn ihr mit sehr liebevollen Menschen zusammen seid. Und wenn ihr mit Menschen zusammen seid, die stark auf Konflikte fokussiert sind – oder die lieblose Machtspiele spielen und damit vielleicht andere Mitglieder der Gruppe in Bedrängnis bringen –, werden viele von euch sich weniger liebevoll fühlen. Es wird schwer für euch sein, diese Frequenz zu fühlen, denn Einssein muss eine gemeinsam erschaffene Realität sein.

Aber eine Frequenz des Einsseins mit einem anderen Menschen zu erschaffen, was einfach bedeutet, Liebe mit einem anderen Menschen zu erschaffen, ist unglaublich machtvoll.

Ihr solltet euch darin üben, durch eine Meditation oder einen Ablauf, den ihr praktiziert, oder durch einen Ausflug in die Natur, eine bestimmte Ebene des Einsseins in euch selbst zu erreichen. Und ihr fühlt euch vielleicht eins mit der Natur, weil ihr und die Natur euch auf diese Frequenz des Einsseins ausrichten könnt.

Und wenn man das unter anderen Menschen verbreiten kann, ist das außergewöhnlich. Manchmal bedeutet bereits das Erzeugen dieser Frequenz, dass man aktiv wird. Womöglich werdet ihr in euren Worten oder eurem Verhalten einem anderen gegenüber freundlich sein und ihn durch die Freundlichkeit, die ihr ihm entgegenbringt, ermutigen. Manchmal tut ihr auch nichts weiter, als diese Liebe in eurem Herzen zu spüren, und die anderen werden sie in euren Augen sehen. Und selbst dann werden sie darauf reagieren. Ihre eigene Liebesfähigkeit wird dadurch zunehmen. Das Einssein kann also auf unzählige Arten beschrieben werden. Wir kratzen hier nur an der Oberfläche, aber das reicht schon.

Wahrhaftig, das Einssein ist der rote Faden, der euch alle energetisch miteinander verbindet.

Und wenn ihr erkennt, dass ihr alle energetisch verbunden seid, spielt ihr viel weniger Trennungsspiele.

DIANNA: Danke für diese Information. Ich weiß sehr zu schätzen, dass ihr gleich zu Beginn das Einssein so gut erklärt habt, denn das ist etwas, in dem wir verankert sein müssen, damit all die anderen Diskussionen über Seele und Menschlichkeit und dergleichen überhaupt einen Sinn ergeben; wir sollten daher auf dieses Thema zurückkommen. Aber jetzt möchte ich euch Folgendes fragen: Wie ist es möglich, dass ich hier in einem Stuhl auf der dreidimensionalen Erde sitze und ein Gespräch mit neundimensionalen Wesen führe?

DIE Z: Weil du *nicht* einfach in einem Stuhl auf der dreidimensionalen Erde sitzt. Ihr befindet euch selbst auch in der neunten Dimension. Es ist nur so, dass der Brennpunkt eures Bewusstseins die meiste Zeit nicht dort ist, und das sollte er auch nicht sein.

Wir sagen immer, dass es eine wunderbare Sache ist, ein Mensch zu sein, und wir wissen, dass das viele von euch, die derzeit mit ihren Schwierigkeiten auf dem Planeten zu kämpfen haben, sehr betrübt. Und wir möchten euch sagen, dass eine »dunkle Nacht der Seele« eine vorübergehende Erfahrung sein sollte. Es ist eine transformierende Erfahrung, aber einige von euch können in dieser dunklen Nacht der Seele stecken bleiben, und dann ist es schwierig für euch, sie zu überwinden.

Oder vielleicht liegen bei euch chemische oder energetische Ungleichgewichte vor, bei denen ihr für Abhilfe sorgen solltet. Das ist nicht etwas, an dem ihr jahrzehntelang leiden müsst. Es ist etwas, dem ihr eure Aufmerksamkeit schenken müsst, damit ihr mehr Zugang zu den höheren Dimensionen erhaltet, die euch zur Verfügung stehen.

Um auf deine ursprüngliche Frage zurückzukommen, Dianna: Wir gehen davon aus, dass mindestens 80 Prozent derjenigen, die dieses Gespräch lesen, eher zur »alten Schule« gehören, wenn es um das Bewusstsein der Seele geht. Viele von euch sind schon lange auf dieser Reise, oder ihr habt euch vor kurzem auf so kraftvolle Weise geöffnet, dass ihr jetzt nicht mehr glaubt, dass die menschliche Erdenerfahrung die Gesamtheit eurer Erfahrung ist. Und es gibt ganze Kulturen auf dem Planeten, die verstehen, dass unsichtbare Welten Teil ihres Lebens sind, verwoben mit ihren Traditionen, ihrer Geschichte, ihrer Erziehung.

Es muss jedoch darauf hingewiesen werden:

Ein Großteil eurer Verbindung zu anderen Dimensionen wurde aus eurer offiziellen Geschichte, sagen wir, getilgt.

Und sie wurde durch illusionäre Konstrukte ersetzt. Denn tief im Inneren weiß jeder Mensch, dass er aus dem Geist kommt und dass er eine Seele hat. Ihr könnt das Bewusstsein der Menschen dafür nur bis zu einem gewissen Grad reduzieren. Selbst eine Person, die eurer Meinung nach, wie einige von euch es nennen würden, »im Halbschlaf« lebt (wir würden diesen Zustand »abgekoppelt« nennen, was bedeutet, dass sie sich von allen Seelenbereichen um sie herum und von den Energien abgekoppelt hat), kann sich dieser Realität nicht völlig entziehen.

Das ist der Grund, warum es für einige arme Menschen eine solche Qual ist, abgetrennt zu werden, den Kontakt zu Geist und Seele zu verlieren. Das ist der Grund, warum sich viele gegenüber sich selbst oder anderen sehr destruktiv verhalten: Sie haben das Gefühl, dass sie sich vom Licht ihrer Seele abgetrennt haben.

Und es gibt viele Möglichkeiten, wie eure Gesellschaft euch dazu ermutigt, das zu tun. In der Tat ist es bei vielen von euch Teil der Erziehung. Und ihr seid hier in dieser sehr transformativen Zeit auf der Erde, in der viel von diesem niederdimensionalen Denken aufgebrochen wird. Einige von euch wünschen sich seit langem, dass ihr in eurem Leben auf der Erde die Verwirklichung einer Utopie erleben werdet. Wir möchten euch bitten, euch nicht darauf zu konzentrieren, denn dann wartet ihr darauf, dass etwas außerhalb von euch geschieht, statt zu erkennen, dass ihr selbst der Kanal dafür seid.

Also, Dianna, ja, du sitzt in einem Stuhl auf der dreidimensionalen Erde, aber es geht dir genau wie vielen anderen Menschen, die diesem Gespräch zuhören oder es lesen: Du bist selten *nur* auf die dreidimensionale Erde konzentriert. Und du hast einen Weg gefunden, zwischen und innerhalb der Welten zu leben. Du bist jemand, der offen ist für all die Energiewelten, für die du ein Kanal bist.

Und ihr habt eure ganz eigene Meisterschaft darin, wie ihr diese Welten in euer Leben einwebt.

Viele, die dieses Buch lesen, praktizieren das. Lee, als dreidimensionales menschliches Wesen, hat gelernt (wie ihr alle, die ihr zuhört, und du, Dianna, im Laufe der Jahre), dass es eine Illusion ist – oder um ein irdisches Wort zu benutzen, »Quatsch« –, dass die menschliche Erfahrung alles ist, was es gibt. Wir finden es urkomisch, dass ein Mensch das glauben kann. Und doch sagen wir das ohne jeden Spott; wir sagen es einfach,

weil die Beweise für die Existenz anderer Dimensionen überall um euch herum ständig vorhanden sind.

Viele Menschen lassen sich durch emotionale Gründe von dieser Wahrheit ablenken und dazu treiben, sich auf eine geringere Welt zu konzentrieren, deren Struktur ihnen dann emotionale Begrenzungen setzt. Eine solche emotionale Begrenzung auf der Erde ist zum Beispiel die Schwierigkeit, sich, wie ihr es nennt, seinen Lebensunterhalt verdienen zu müssen.

Einige von euch sind in ein System oder eine Denkweise, eine Energie, hineingeboren, die euer Leben zu einem Kampf macht. Ihr habt diese Vorstellung geerbt, dass euer Leben ein Kampf ist, und ihr arbeitet euch durch sie hindurch, vielleicht versucht ihr, sie für eure Ahnenreihe zu ändern, vielleicht versucht ihr, sie in dem System zu ändern, das dafür geschaffen wurde, euch in einem ständigen Kampfzustand zu halten.

Und wenn ihr jemand seid, der ständig gegen Schwierigkeiten kämpft, ist es schwer, Zugang zu der Tatsache zu finden, dass es ein, nennen wir es einmal so, magisches Netz um euch herum gibt, das angezapft werden und einen Teil dieser dreidimensionalen Dichte neutralisieren und auflösen kann.

Wenn Menschen erwachen und beginnen, sich der größeren Welt zuzuwenden, bemerken sie deshalb auch, dass sich die Dinge in ihrem irdischen Leben verändern. Sie bemerken, dass vielleicht eine schwierige Beziehung in ihrem Leben nicht mehr so viel Resonanz für sie hat, weil sie die damit verbundenen Spiele nicht mehr mitspielen können und wollen. Entweder sehen sie diese Person seltener, oder es kommt zu einem völligen Bruch.

Lee nahm Kontakt zu uns auf, oder besser gesagt, er ließ den Kontakt zu uns zu, denn wir waren seit seiner Geburt um ihn herum und warteten darauf, dass er aktiviert wurde, aber wir wussten nicht genau, in welche Richtung es gehen würde. Wir wussten nicht genau, auf welchem Weg wir ihn erreichen konnten. Wir erreichten ihn zuerst durch Musik und musikalische Komposition. Das öffnete sein Drittes Auge, und im Alter von einundzwanzig Jahren begann er, Musik zu empfangen. Und dann, etwa achtzehn Monate später, nahmen wir durch Worte Kontakt auf. Du führst also ein neundimensionales Gespräch, weil Lee ein neundimensionales Gespräch führt. Und jeder, der dies liest, führt jetzt ein neundimensionales Gespräch. Seht ihr, wie einfach das ist? Und doch wird auf der Erde so getan, als wären diese Dimensionen von euch getrennt.

Manchmal wird euch gesagt, sie seien euch überlegen, was ebenfalls ein völliger Mythos ist. Und das kommt daher, dass viele der Wahrheiten eurer Religion innerhalb religiöser Konstrukte abgeschirmt wurden, die dazu gedacht waren, euch vom Geist getrennt zu halten, um euch die Idee zu vermitteln, dass ihr weniger seid als alles, was im Geist zu finden ist, wenn es um Religion geht. Und das war einer der ersten großen Akte der »Verschleierung der Wahrheit« über euch als geistige Wesen.

Und warum geschieht das? Weil alle Menschen, wie wir gesagt haben, sich daran erinnern, dass sie aus dem Geist kommen und eine Seele haben. Wenn ihr sie also davon ablenken wollt, solltet ihr ihnen besser ein paar Dinge geben, die mit dem übereinstimmen, was sie in sich selbst fühlen. Andernfalls wird sich die Realität, die ihr ihnen präsentiert, für sie völlig unpassend anfühlen. Wenn ihr hingegen ein paar Wahrheiten nehmt und sie erfolgreich in einer Menge von Konstrukten vergrabt, dann werden sich die Menschen aufgrund der darunter liegenden Wahrheiten mit dem Konstrukt identifizieren.

Aber ihr lebt jetzt in einer Zeit, in der die Wahrheit umfassend ans Licht kommt.

Wir möchten also, dass ihr alle, die ihr das hier lest (und deshalb ist deine Frage so wunderbar, Dianna), euch nicht über die Tatsache wundert, dass jemand von euch Kontakt mit der neunten Dimension hat. Wir möchten, dass ihr all dies als einen normalen Teil der Entwicklung der Erde und der Menschheit betrachtet. Und wir sagen nicht, dass jeder ein Channelmedium sein wird oder dass sich jeder auf die neunte Dimension konzentriert. Doch das Bewusstsein auf der Erde steigt auf. Andere sprechen auch davon, denn es handelt sich dabei um eine universelle Wahrheit. Und es bedeutet:

Die dreidimensionale Erde wird immer weniger zur normalen Realität, und die höheren Dimensionen beginnen durchzudringen.

DIANNA: Was ihr gerade gesagt habt, wirft bei mir drei verschiedene Fragen auf, die ich unbedingt stellen möchte. Ich werde mich also disziplinieren müssen. Und ich verspreche, dass ich in weiteren Gesprächen auf viele dieser anderen Aspekte zurückkommen werde.

DIE Z: Wir lieben deine Kommentare schon jetzt, Dianna. Verzeih uns die Unterbrechung, aber deine Kommentare sind sehr wertvoll und wichtig, denn du bist nicht der einzige Mensch, der das Gespräch mit uns auf diese Weise erlebt. Und wir verstehen das.

Erinnert euch daran, dass selbst die Multidimensionalsten unter euch ein gewisses Maß an Linearität brauchen, denn ihr seid eben Menschen mit linearem Verstand. Nur so könnt ihr euch für eure Multidimensionalität öffnen und sie verstehen.

Wir verstehen, dass (wie Lee oft über uns sagt), wenn man uns eine Frage stellt, jedes Mal ein ganz anderes Fass aufgemacht wird. Und das wiederum liegt daran, dass das Universum riesig ist. Wenn wir also von einem multidimensionalen Standpunkt aus zu euch sprechen, wird es oft so sein, dass eine eurer Fragen drei oder vier Bereiche eröffnet, auch wenn ihr euch nur auf einen konzentriert habt. Wir möchten euch dazu Folgendes sagen: Wir sind sehr diszipliniert in unseren Antworten, indem wir euch nicht zwölf geben!

Wir versuchen, uns auf drei oder vier Antworten zu beschränken, weil wir verstehen, dass mehr euch überfordern würde. Deshalb sind diese Gespräche *multidimensionale Aktivatoren*. Es ist nicht unbedingt so, dass ihr als menschliche Wesen alles verstehen müsst, was wir sagen, denn Verstehen wird überbewertet. Aber Verstehen öffnet euer Energiefeld, und das ist höchst wertvoll. Verstehen kann die Brücke sein, die euch hilft, diejenigen eurer Sichtweisen zu identifizieren, die einer Erweiterung eures sinnlichen Bewusstseins bislang im Weg standen. Deshalb haben unsere Antworten oft mehrere Aspekte, die euch immer wieder daran erinnern sollen, dass es nicht nur eine Antwort gibt, sondern viele.

Und wir versichern dir, Dianna, dass du, wie jeder andere Mensch auch mit deinem hohen Maß an Integrität, Leidenschaft und Engagement für diese Art von Arbeit, all die Fragen stellen wirst, die du stellen sollst, weil du sie aus dem Energiefeld aller Zuhörer und Leser heraus stellst, nicht nur aus deinem eigenen.

DIANNA: Nun, vielen Dank. Und ich danke euch, dass ihr euch auf drei oder vier Auswahlmöglichkeiten beschränkt und nicht zwölf ausgewählt habt, weil ich nämlich versuche, mit euch Schritt zu halten!

DIE Z: Ha!

DIANNA: Und es macht sehr viel Spaß, die wunderbaren verschiedenen Richtungen zu verfolgen, in die wir dieses Gespräch führen könnten. Aber ich werde noch einmal auf das bereits Gesagte zurückkommen und dazu ein paar Dinge ansprechen.

Ihr habt erzählt, wie es war, als ihr begonnen habt, mit Lee mündlich zu kommunizieren. Lee erzählte, dass er in der Londoner U-Bahn saß, als er euch zum ersten Mal hörte. Ich habe mich gefragt, ob das eure erste Kommunikation war, und ihr habt gerade erklärt, ihr hättet auch schon vorher mit ihm kommuniziert. Aber warum war es das erste Mal, dass er euch hörte? Was war das Besondere an diesem Moment in der Londoner U-Bahn?

DIE Z: Nun, Lee erinnert sich nicht mehr, weil wir schon mit ihm sprachen, als er jünger war, und im Alter von sechs oder sieben Jahren begann es ihm dann schwerer zu fallen, uns zu hören. Er wurde, wie viele von euch, sehr in die menschlichen Prägungen eingebettet. Damals schaltete er seine Medialität ab, und erst mit sechzehn oder siebzehn Jahren entwickelte er diese Fähigkeit wieder. Das ist ganz normal für medial begabte Menschen auf der Erde. Aber bevor er sechs Jahre alt war, stand er energetisch sehr stark mit uns in Kontakt. Nur verstand er seinerzeit nicht, was es damit auf sich hatte.

Dabei war das unerlässlich für ihn – wir benutzen ihn als Beispiel, weil es vielen von euch ähnlich geht –, denn in diesem Alter begann er zu erkennen, wie elementar wichtig die Verbindung mit anderen Menschen ist. Das heißt nicht, dass er bewusst darüber nachdachte; er war einfach in einem Alter, in dem er gerade alt genug war, um nicht mehr im Stadium eines Babys zu sein, das naturgemäß keine Trennung wahrnimmt.

Babys spüren, dass sie mit allen Menschen um sie herum und mit ihrer Umwelt insgesamt verbunden sind. Und manchmal bemerken sie, dass sie getrennt sind. Und das ist normalerweise der Moment, in dem ein Baby auf negative Weise reagiert. Das mag es nicht. Babys weinen oft, wenn sie merken, dass sie nicht im Einssein sind. Und das hört auf, sobald sie in den Traum vom Einssein zurückgehen. Doch dann stoßen sie gegen eine weitere Wand, wenn sie erkennen, dass sie sich auf der Erde befinden, wo soviel Wert auf Trennendes gelegt wird. Natürlich kann auf der Erde Einssein existieren, wie wir gesagt haben, aber die Art und Weise, wie eure menschliche Gesellschaft strukturiert wurde (jedenfalls in den letzten paar Jahrhunderten), ist nicht dazu geeignet, aus einem Zustand der Einheit zu leben.

Für Lee war es so, dass er sich dagegen abschottete, uns zu hören, und er durchlebte in jenem Jahrzehnt persönlich eine sehr dunkle Zeit. Das war nicht unbedingt wegen der Menschen um ihn herum der Fall oder wegen irgendetwas, das ihm widerfahren war. Er war ganz einfach von der Welt traumatisiert.

Und so handelte er auf seine eigene Art und Weise und hatte seine eigenen destruktiven Verhaltensweisen, über die er gesprochen hat, die er in seinen späten Teenagerjahren zu überwinden begann. Die erste Art und Weise, wie er uns hörte, war, indem er sich mit der Musik verband, die auf der Ebene existiert, auf der wir uns befinden. Die Musik, die auf der Ebene existiert, auf der wir uns befinden, wäre für das menschliche Ohr ein wenig schrill; sie hätte nicht so viel Melodie. Sie hätte nicht den gleichen Rhythmus. Sie würde ein wenig disharmonisch klingen, denn Musik ist Numerologie.

Musik existiert also wirklich durch Zahlen. Man kann jede Musik in verschiedene Zahlenfolgen unterteilen. Und die Musik, die es auf unserer Ebene gibt, ist voll von Informationen. Sie ist nicht unbedingt so melodisch beruhigend oder rhythmisch vorhersehbar. Sie ist etwas frenetischer und würde für das menschliche Ohr nicht gut klingen, aber Lee hörte die Schnittstelle zwischen den musikalischen Melodien und unserer Energie zum ersten Mal mit einundzwanzig.

Und dann, mit dreiundzwanzig, war er bereit, *uns* zu hören. Und unser größtes Problem mit ihm (das wussten wir immer) war der Schockfaktor, weil er nicht damit gerechnet oder danach gesucht hatte. Und da er ein ziemlich zielstrebiger, strukturierter junger Mann war, kam es für ihn ein bisschen unverhofft und auch ungelegen, denn er hatte eigentlich andere Pläne.

Der Grund, warum wir von Lees persönlichem Beispiel berichten, ist, dass es vielen von euch genauso geht. Und noch einmal, ein Teil seines Schockfaktors ist der gleiche Schockfaktor, den der Rest von euch dabei genauso verspüren würde. Man hat euch so lange und auf so viele Arten gesagt, dass ihr vom Geist getrennt seid, dass einige von euch, wenn ihr zum ersten Mal eine metaphysische Erfahrung macht, daran zweifeln. Ihr denkt: »Bilde ich mir das nur ein? Ist es eine Illusion?« Das sind alles Fragen, von denen man euch gesagt hat, dass ihr sie euch stellen sollt.

Eine der größten und tiefgreifendsten Erkenntnisse, die jeder von euch haben wird, ist, dass ihr schon immer ein Teil davon wart. Nur dass ihr euch jetzt daran erinnert. Das ist der Grund, warum sich das Erwachen für die Menschen so köstlich anfühlt. Es ist, als ob sie aus einem Traum aufwachen und erkennen, dass sie plötzlich wieder in Kontakt mit der umfassenderen Energie des Universums kommen, die schon immer da war.

Und ja, für einige von euch kann das dazu führen, dass ihr euer menschliches Leben für eine Weile ablehnt, aber dann gleicht sich alles wieder aus. Und an einem bestimmten Punkt könnt ihr diese erwachende Energie in euer menschliches Selbst einfließen lassen und wirklich damit beginnen, euer menschliches Leben, eure menschlichen Muster, von innen heraus zu erleuchten.

Und das ist tiefgreifend.

DIANNA: Ich danke euch für diese Informationen. Ich möchte mir jetzt eine Minute Zeit nehmen und mehr darüber herausfinden, wer ihr seid. Ihr seid neundimensionale Wesen, und mir ist klar, dass wir Worte benutzen, die sehr dreidimensional sind, um etwas zu beschreiben, das viel größer ist. Das passiert oft bei Menschen, die Nahtoderfahrungen gemacht haben und frustriert sind, dass sie die Schönheit und die Ausstrahlung dessen, was sie erlebt haben, nicht mit menschlichen Worten erfassen können. Ich möchte also anerkennen, dass wir unser Bestes tun, um das zu schildern, was ihr die ganze Zeit über erlebt.

Laut Lee seid ihr eine Gruppe von achtundachtzig Wesen. Nun denke ich mit meinem dreidimensionalen Verstand: »Wie sieht das aus?« Und ich muss sagen, um mich sicher zu fühlen und eine Vorstellung davon zu bekommen, sehe ich euch als kleine Lichtkugeln. Achtundachtzig Kugeln aus Licht. Wenn Lee also mit euch reden will oder ihr mit ihm reden wollt, kommt ihr achtundachtzig Lichtkugeln dann alle zusammen? Wie funktioniert das?

DIE Z: Das sind gute, wirklich sehr gute Fragen. Zunächst werden wir euch ein menschliches Beispiel schildern, das euch helfen wird, die Antwort, die wir geben werden, in den richtigen Kontext zu setzen. Wir werden dich als Beispiel nehmen, Dianna.

Du bist jetzt in deinen frühen Sechzigern, was das numerische Alter als Mensch angeht, und du hast immer noch denselben Namen, den du als Kind hattest. Wenn jemand, der dich als Kind kannte, dich jetzt nach so langer Zeit wiedersähe, würde er etwas von demselben Funken und derselben Energie in dir sehen, an die er sich erinnert, aber er würde gleichzeitig eine ganz andere Person treffen. Die Frau, die du jetzt bist, unterscheidet sich sehr von der Siebenjährigen, die du warst, als du noch aktiv in Kontakt mit deiner Seelenenergie standest, und dein jetziges Leben unterscheidet sich sehr von den prägenden Transformationsreisen, die du in deinen Zwanzigern und Dreißigern erlebt hast. Und dein tiefes Interesse daran, wie der menschliche Geist funktioniert, und die Art, wie du als Mensch das Leben in einem menschlichen Körper erlebst, haben sich seit dieser Zeit weiterentwickelt.

Ihr habt euch in jedem Jahrzehnt verändert, und ihr seid etwas anderes geworden. Wir würden sagen, dass diejenigen, die uns in den letzten siebzehn Jahren durch Lee zugehört haben, ebenfalls eine Veränderung bemerkt haben. Und das hat viele Gründe: Zum Teil hat Lee sich weiterentwickelt, zum Teil hat sich die Erde verändert und zum Teil haben auch wir unsere Beziehung weiterentwickeln und ausbauen können.

Aber wir werden einen Blick zurückwerfen und darüber sprechen, wann wir zum ersten Mal als Gruppe zusammenkamen. Wir, die Achtundachtzig, kamen als Gruppe zusammen, doch wie wir schon sagten, dehnen wir uns ständig weiter in die Quelle hinein aus – das heißt, wir werden von anderen beeinflusst.

Stellt euch eine Gruppe von achtundachtzig Menschen vor, die alle beste Freunde sind, und ihr betrachtet sie als diese einheitliche Gruppe von Wesen, die gemeinsam eine bestimmte Schwingung haben. Auch wenn sie alle sehr miteinander verbunden sind, ist diese Gruppe von achtundachtzig Freunden nicht nur diese Gruppe – sie sind auch jeder für sich ein Individuum.

Sie sind alle auf dem ganzen Weg durch ihre Lebenserfahrungen geprägt worden. Und wenn sie in Beziehung zu anderen Menschen stehen, geben sie das auch an die Gruppe weiter. Wenn wir also sagen, dass wir eine Gruppe von achtundachtzig Wesen sind, neigt ihr dazu, uns als feste Einheit zu betrachten. Und wir versuchen, euch daran zu erinnern, dass keiner von uns gefesselt ist, weder ihr in euren irdischen Körpern noch wir in unseren »dimensionalen« Körpern.

Dass wir uns als Gruppe zusammenfanden, geschah, aus irdischer Perspektive, im frühen 20. Jahrhundert, aber wir waren nicht alle von Anfang an dabei. Ein oder zwei entschieden sich, während der 1900er Jahre auf der Erde zu inkarnieren, um dann zu unserer Gruppe zurückzukehren, sobald sie den Körper verlassen hatten.

Lee nahm erst Verbindung mit uns auf, als er seine Inkarnation in den frühen 1900er Jahren hinter sich gelassen hatte und sich auf seine Reinkarnation 1976 vorbereitete.

Zu diesem Zeitpunkt wurde beschlossen, dass Lees Bestimmung darin bestand, ein Sprecher, eine Brücke und ein Verbindungsglied auf der Erde zu sein. Diese Bestimmung wurde ihm aufgrund seiner spirituellen Natur und den Lebenszeiten seiner Seele zuteil, denn er ist das, was einige einen Suchenden nennen würden. Seine Suche erfolgte in verschiedener Gestalt. Ähnlich wie viele von euch, die dies lesen, war er Priester, Zauberer (obwohl das Wort »Zauberer« damals nicht verwendet wurde, ist es doch das Wort, das ihr heute verwenden würdet). Ihr hattet lange Beziehungen zu Spirit, zum Geist, in euren menschlichen Inkarnationen.

Als Lee also beschloss, sich wieder auf der Erde zu reinkarnieren, begannen wir, uns als Gruppe um ihn zu versammeln und zu sehen, was möglich war, denn man darf niemals Druck auf die Menschen ausüben, die vielleicht bereit dafür sind, auf diese formalisierte Weise des Channelns Verbindung aufzunehmen.

Formalisiert nennen wir es, weil es mittels Sprache erfolgt. Und nicht nur das, es ist für Lee nicht privat. Es ist etwas, das er öffentlich tut. Und er stand mit Anfang zwanzig noch nicht unter dem Druck, sich eine andere Arbeit suchen zu müssen, wenn sich herausstellte, dass der Dienst als Channelmedium doch nicht das Richtige für ihn war. Es gibt bestimmte Bereiche in eurem Leben, die vorherbestimmt sind, aber sie sind eher größerer, thematischer Natur. Die Details sind nicht festgelegt.

Wenn ein Teil eures Lernens im Leben darin besteht, die Energie des Trauerns zu meistern, bedeutet das nicht unbedingt, dass die insgesamt sechs Begebenheiten, die euch ein großes Verständnis für die Trauer vermitteln werden, schon vor eurer Inkarnation geplant und festgelegt sind.

Es geht darum, dass es sechs Begebenheiten geben wird, aber alles kann von Tag zu Tag neu organisiert werden, um dem Thema dieser Begebenheiten am besten zu dienen und so, wie sich die Details manifestieren.

Wir weisen euch auf diesen Zusammenhang hin, weil einige von uns als Menschen inkarniert waren. Einige von uns waren es nie, und das sind die Kugeln, die ihr jetzt seht. Die Orb-Formen repräsentieren in der Regel keine Menschen, die hinübergegangen sind, und schon gar nicht in letzter Zeit. Es gibt einige, die nach Jahrzehnten der Abwesenheit von der menschlichen Erdebene in Kugelform zurückkehren, aber um die Form dessen anzunehmen, was ihr vielleicht als »Licht« versteht, was für die Kugeln erforderlich ist, muss eine ziemliche Umwandlung und Transmutation der Seelenenergie stattfinden.

Wir sind also eine Gruppe von achtundachtzig, ja. Einige von uns sind tief mit der Galaxis verbunden, einige von uns sind tief mit den Engelreichen verbunden, und einige von uns sind tief mit den Menschen verbunden.

Und dann verbinden wir uns mit Lee und seiner Fähigkeit, zu fühlen, wahrzunehmen und die menschliche Sprache als Brücke für den Kanal zu nutzen.

Der Grund, warum wir dies erwähnen, ist, dass es oft die Vorstellung gibt, ein Channelmedium wäre lediglich eine Art leere »fleischliche Hülle«, das einfach nur Worte nachplappert, aber so funktioniert es nicht. Jede gechannelte Wesenheit, der ihr zuhört, kommt immer auch durch die Schwingung, die Frequenz und den Intellekt des channelnden Menschen zu euch. Verschiedene Menschen auf der Erde channeln manchmal die gleichen Wesenheiten. Zum Beispiel channeln recht viele Leute auf der Erde Erzengel Gabriel. Und ihr werdet sicherlich bemerken, dass dieser Erzengel bei jedem Channelmedium etwas anders »durchkommt«. Es gibt immer eine etwas andere Signatur, und das ist auch gut so.

Bei Lee ist die Signatur engelhaft und menschlich, und durch uns bekommt er eine galaktischere Verbindung. Wir müssen an dieser Stelle jedoch vorsichtig sein, denn wenn wir den Begriff »galaktisch« verwenden, könnte euch das sehr weit gefasst erscheinen.

Konkret können wir sagen, dass Sirius eng mit unserer Gruppe verbunden ist. Viele von uns haben eine sehr tiefgehende Verbindung zu Sirius. Und so kommt diese Energie in unserer Signatur stark durch, obwohl wir doch ein Gemisch sind, und das kann für manche Menschen eine Herausforderung darstellen.

Wir haben im Laufe der Jahre festgestellt, dass es einige Menschen, die uns fragen, wer wir sind, ein wenig frustriert, dass sie von uns keine klare Antwort bekommen. Die Menschen würden es viel lieber sehen, wenn wir nur *ein*

Engel oder Wesen wären, denn auch hier gilt: Der menschliche Verstand liebt Linearität. Doch wir sind nicht hier, um eure diesbezüglichen Vorlieben zu bedienen. Wir sind hier, um eurer Multidimensionalität zu dienen.

Lasst euch also bitte nicht von der Art und Weise faszinieren, wie wir euch unsere Form erklären. Vielmehr sollen die Gespräche mit uns euch Hinweise darauf liefern, wie das Universum funktioniert. Wir sind hier als *Gestalt* versammelt, was aber nicht heißt, dass wir ständig miteinander verbunden sind. Wir versammeln uns, sagen wir, über Lees Kopf in einem ganz bestimmten Cluster, wann immer es Zeit für ihn ist, uns für sich persönlich zu channeln, aber vor allem, wenn es Zeit für uns ist, zu einer Gruppe von euch auf der Erde zu sprechen, denn das geschieht, wenn er öffentlich channelt.

Hat jeder von uns eine andere Rolle? Ja. Arbeitet jemand von uns mit anderen Wesen in gechannelter Form? Ja, aber nicht in dieser speziellen Gruppe. Sie besteht ausschließlich für Lee. Es ist nicht so, dass bestimmte Elemente unter uns keine anderen Menschen besuchen oder dass ihr euch nicht, sagen wir, mit unserer Gruppe verbinden könnt, wie es viele von euch getan haben und tun. Aber die Art und Weise, wie wir uns über Lees Kopf auf eine sehr physische Weise versammeln, ist einzigartig für ihn. Und dann fließt es wie ein Strom durch sein System, so dass unsere Worte übertragen werden können – und es ist sogar mehr als das: Er wird zu einem Kanal für eine Energiefrequenz, die ein Aktivator für

Multidimensionalität ist, für die Intuition und Liebe in den Zuhörern oder Lesern.

DIANNA: Ich danke euch. Das ergibt eine Menge Sinn. So wie ich es verstehe, hatte Lee eine Vereinbarung oder einen Vertrag, sich in diesem Leben wieder mit euch zu treffen, um zu channeln und den Menschen zu helfen, die Kraft der Energie ihrer Multidimensionalität zu verstehen und alles, was ihr gerade gesagt habt.

Wenn Lee nicht in der Lage gewesen wäre, diesen Vertrag einzuhalten, wenn etwas dazwischengekommen wäre – denn es handelt sich hier ja um ein Universum des freien Willens –, hätte dann jemand anderes einspringen können? Werden solche Vorkehrungen getroffen?

DIE Z: Durchaus, aber es hätte eine andere Form angenommen. Es wäre nicht diese Gruppierung gewesen, denn in dieser Gruppe von achtundachtzig Wesen wirken viele von Lees persönlichen Geistführern mit, obwohl sie nicht unbedingt sprechen. Das mag für dich seltsam klingen, denn du denkst, du sprichst gerade mit ihnen.

Ihr alle auf diesem Planeten habt Ratgeber, die nonverbal sind. Und in der Tat habt ihr weit mehr davon als verbale Führer. Viele von euch sind von Elementargeistern umgeben (und wir verwenden »elementar« als einen Oberbegriff für Energien, die in der Natur, im Pflanzen- und Mineralreich existieren). Viele von euch sind von Engeln umgeben, und vielleicht werdet ihr ihre Anwesenheit nie erfahren. Ihr werdet vielleicht nie mit ihnen in Kontakt treten. Aber während wir euch dies sagen, setzt euch einfach mal einen Moment hin und denkt darüber nach. Nehmt ihr Wesen oder Engelfrequenzen oder Elementargeister um euch herum wahr?

Es gibt viele von euch, die in hohem Maße mit diesen Frequenzen in Verbindung stehen. Und wir wollen euch allen sagen: Keiner von euch ist einfach nur er oder sie selbst. Das mag schwer zu verstehen sein, aber es stimmt – keiner von euch ist er oder sie. Nehmen wir an, einer von euch, der das hier lest, heißt Michael.

Michael hat eine Identität, er ist sechsunddreißig, hat eine Familie, aus der er kommt, und eine Arbeit, die er tut. Dieser Michael ist ein Konglomerat aus all seinen Erfahrungen und Familienmitgliedern. Das bedeutet nicht, dass er sein Vater ist, aber es bedeutet, dass die Energie seines Vaters und die Art und Weise, wie sein Vater lebt oder gelebt hat, eine chemische Reaktion in ihm ausgelöst hat, die er entweder akzeptierte oder ablehnte (oder vielleicht ein bisschen von beidem) und die Michael geholfen hat, der Mensch zu werden, der er heute ist.

Doch ihr seid auch von Wesen umgeben, die euch unterstützen und – hier müssen wir vorsichtig sein, wie wir es ausdrücken – über euch wachen. Der Grund, warum wir mit dieser Formulierung vorsichtig sein müssen, ist, dass einige von euch dadurch frustriert werden könnten und zum Beispiel denken: »Warum kann ich denn dann meine Helfer nicht hören?« Und andere von euch denken vielleicht, dass sie sich nicht mehr selbst um sich zu kümmern bräuchten, weil ja jemand anderes da ist, der sich um ihn oder sie kümmert.

Diese Vorstellung, dass man zu einer äußeren Macht beten kann, die alles für einen erledigt, ist eine weitere Art und Weise, wie die Spiritualität auf der Erde, sagen wir mal, verfälscht wurde. Und wir sagen dazu: »Nein.«

Du betest mit der Kraft. Du bist in der Kraft. Du bist ein Teil von ihr. Und Beten bedeutet, mit dem in Kontakt zu treten, was bereits existiert.

Es geht nicht darum, einen Bettelbrief an eine höhere Macht außerhalb von euch zu schreiben. Und verzeiht uns unsere »aufdringliche Energie« hier, aber wir müssen das ansprechen: Viele von euch wurden durch diese Vorstellung geschwächt, dass das Geistige eine weit von euch entfernte Kraft ist, zu der ihr erst Verbindung aufnehmen müsst. Wenn diese Vorstellung euch Trost, Liebe in eurem Herzen und ein Gefühl der Verbundenheit bringt, dann ist das wunderbar. Aber viele Menschen haben das durch diese Gebetsmethoden noch nicht erreicht. Sie sehen den Geist immer noch als getrennt von sich selbst. Und dieses Gefühl der Trennung ist die Ursache von Krankheiten auf dem Planeten, physisch, emotional und mental. Wir betonen das, damit ihr euch darüber klar werden könnt. Ihr selbst seid euch darüber vielleicht schon im Klaren, aber andere um euch herum nicht.

Um noch einmal auf diesen Michael zurückzukommen: Michael ist, sagen wir mal, etwas engelsgleich, und jeder, der ihn kennt, sagt: »Michael, du bist so liebevoll. Du bist so gütig. Du bist sehr engelhaft, und du bist immer sanft und sensibel.« Und natürlich ist Michael ein Mensch. Michael wundert sich daher über das, was sie sagen. Er sagt: »Also, ich habe auch meine dunklen Tage. Und ich habe meine heftigen Gedanken, und es gibt Zeiten, in denen ich mich gar nicht so liebevoll oder freundlich fühle.« Aber das gehört einfach dazu, denn ihr seid multidimensional. Ihr werdet alle möglichen Aspekte durchleben, doch wenn eine Anzahl von Menschen beständig das Gleiche über euch sagt, bedeutet das, dass die Frequenz, als die sie euch erlebt, beständig engelhaft ist, was bedeutet, dass ihr eine Menge Engel in eurer Mitte habt. Ihr seid gut mit den Engelfrequenzen verbunden.

Übrigens sind alle Menschen auf der Erde unterschiedlich. Es gibt einige, die stark mit dem Engelreich verbunden sind. Es gibt einige, die stark mit den Natur- oder Elementargeistern verbunden sind, den Devas. Es gibt einige, die stark mit dem Element Feuer verbunden sind. Sie sind manchmal die Antagonisten, aber sie waren und sind auf eurem Planeten auch wunderbare Führungspersönlichkeiten. Und sie waren in der Lage, dieses Feuer zu nutzen, um die Welt zu verändern. Ihr seid alle auf viele verschiedene Arten mit den elementaren Energien verbunden. So werdet ihr zu dem, was ihr seid. Wenn wir zum Beispiel Lees Führungsteam betrachten, dann zeigt sich dort genau, was wir meinen. Nehmen sie an diesen Gesprächen teil? Ja. Allerdings bin ich seit unserem ersten Treffen Lees Hauptsprecher, weil das für ihn einfacher ist.

Und ja, er weiß, dass ich keine singuläre Stimme bin. Zu Beginn unserer Kommunikation fragte mich Lee nach meinem Namen. Und der Name, den ich ihm gab (weil er meinem tatsächlichen Namen am nächsten kommt), hat eine menschliche Form. Vorhin erwähnte ich die Musik auf meiner Existenzebene, die nicht so harmonisch klingt, wie menschliche Ohren harmonische Musik auf dem Planeten hören würden. Es ist eine andere Art von Musik. Und in ähnlicher Weise sind auch unsere Sprache und unsere Namen ein wenig anders.

Aber Zachary ist der Name, den ich mir selbst gegeben habe, als Lee mich fragte. Ich bin der Hauptsprecher, weil ein Teil meiner Fähigkeit darin besteht, mit Sprache so umzugehen, dass sie Energie vermittelt.

Ich stehe nicht allein da, wenn ich diese Worte für und mit Lee übersetze. Ich bin natürlich sowohl mit Lee als auch mit der Gruppe der Achtundachtzig verbunden. Und wir, die Gruppe der Achtundachtzig, sind breit gefächert. Und tatsächlich haben wir uns in den letzten zwei oder drei Jahren immer weiter ausgedehnt. Nicht unbedingt, weil wir uns dafür entschieden haben, sondern weil das Netz des Bewusstseins auf der Erde stärker wird, was bedeutet, dass ihr alle beginnt, in größerer Verbundenheit zu leben als jemals zuvor.

Das bedeutet, dass wir uns auch auf unserer Dimensionsebene umfassender als bisher verbinden, um den Bewusstseinswandel auf dem Planeten zu stärken. Ein großer Teil der Arbeit, die wir tun, besteht in energetischer Stärkung, auf eine ganz ähnliche Weise, wie das bei euch Menschen der Fall ist, die sich um das Land kümmern. Ihre Gabe, ihr Können und ihre Freude bestehen darin, dem Land zu helfen, robust und stark zu bleiben. Die meisten von uns in dieser Gruppe stabilisieren Energetik und harmonisieren Energetik, sie weben Energie. Einige von euch betrachten es vielleicht als Reinigungsenergie, und das ist in der Tat Teil unserer Arbeit.

DIANNA: Ich weiß diese Antwort zu schätzen, und sie hat eine weitere Frage aufgeworfen, die nach dem Gebet und danach, wie wir mit unseren Führern Verbindung aufnehmen, wie wir mit ihnen sprechen – mit unseren engelhaften Führern, unseren galaktischen Führern, unseren elementaren Führern und so weiter. Ich bin mit dem Gedanken aufgewachsen, dass der einzige Weg, zu unseren

Führern zu beten, immer »Autoritäten« als Vermittler benötigt. So wurde es uns beigebracht. Und was das Göttliche anging, war da diese Vorstellung: »Ich hoffe, ich störe nicht … Hat Gott überhaupt Zeit für mich? Verdiene ich es, dass er mir zuhört?« Rund um Gebet oder Meditation, oder welches Wort auch immer wir verwenden wollen, gibt es sehr viel von dieser Energie.

DIE Z: Das Gebet kann für viele ein wunderbarer Einstieg sein. Problematisch wird es, wenn sie nicht darüber hinausgehen. Und wenn sie nicht darüber hinausgehen, kann es für viele zu einer Begrenzung ihrer Seele werden. Es kann ihre Seelen sogar erodieren, wenn sie viele, viele Jahre damit verbringen, zu denken, dass sie ständig außerhalb von sich selbst beten müssen und dass sie keine eigene innere Verbindung zum Geist haben.

Der andere Punkt, den du hier ansprichst, ist der weit verbreitete Irrglaube, dass ihr Engel oder Energiewesen, mit denen ihr in Kontakt treten wollt, stören könntet, oder dass ihr zu viel von ihrer Zeit in Anspruch nehmt. Das ist wiederum etwas, woran ihr alle unschuldig seid. Es wurde einfach in euer Bewusstsein eingepflanzt. Ihr wurdet zu diesem Glauben erzogen.

Wir dürfen euch mitteilen, dass für uns die Zeit nicht auf die gleiche Weise existiert wie für euch. Wir haben dies im Laufe der Jahre mehrmals durch Lee in verschiedenen aufgezeichneten Gesprächen und bei Kursen und Workshops gesagt – ihr müsst nur fragen.

Wenn ihr nicht fragt, haben wir oft nicht die Möglichkeit, einzugreifen und zu helfen.

Nehmen wir zum Beispiel dieses Gespräch. Nun, das war natürlich etwas, das wir mit euch machen wollten, aber Lee ruft uns immer wieder zu sich, und seine Beziehung zu uns zeichnet aus, dass er uns ab und an zu Rate zieht. Und Dianna, du und Lee, ihr habt euch in eurer Freundschaft im Laufe der Jahre oft zusammengesetzt und uns zu einem Gespräch unter vier Augen hinzugezogen. Wir alle arbeiten also in dieser Sache zusammen. Es ist eben nicht so, dass wir uns einfach hierher gebeamt haben, völlig überraschend für euch alle. Es handelt sich um eine gemeinsame Schöpfung, Zusammenarbeit, und wir möchten alle, die dieses Buch lesen, daran erinnern, dass dies ein Teil der Abmachung ist.

Wenn ihr in Not geratet, wird ein guter Freund sich freuen, von euch zu hören, und er wird euch gerne helfen. So ist es auch bei uns. Unsere Möglichkeit, aktiv zu helfen, stößt jedoch an Grenzen, wenn ein Mensch sich selbst von der Hilfe zurückgezogen hat oder zurückzieht. Wenn ein Mensch sich in einem Zustand befindet, den ihr als »kontrahiert« bezeichnen würdet, können wir sicherlich energetisch helfen und unser Bestes tun, um ihn aufzurichten oder ihm Menschen, Ereignisse und Phänomene zu schicken, die ihm helfen, sich an das Licht zu erinnern.

Aber wenn der Mensch tief kontrahiert ist, müssen wir warten, bis diese Kontraktion etwas nachlässt, bevor wir uns ihm nähern können.

Das Gebet ist eigentlich eine gute Idee, wenn man versteht, dass es kein Akt ist, bei dem man zu anderen betet, sondern dass man sich auf diese Weise, und zwar aktiv und bewusst, mit dem Einssein verbindet, von dem man selbst ein Teil ist.

DIANNA: Danke für die Bestätigung, dass wir Menschen unsere Führer um Hilfe bitten müssen. Wir können nicht davon ausgehen, dass ihr – Lichtorbs, Führer oder Engel – einfach auf magische Weise wisst, was wir brauchen. Wir müssen euch fragen, weil ihr euch sonst nicht einmischen dürft. Ist das richtig?

DIE Z: Das ist absolut richtig. Wir haben Möglichkeiten, helfend einzugreifen, und tun dies auch gerne, aber es bestehen selbst für uns gewisse Grenzen.

Wir geben euch ein Beispiel: Wir sind nicht in der Lage, den Krieg auf eurem Planeten zu beenden. Aber wenn sich alle auf der Erde der spirituellen Natur, die sie miteinander teilen, und des Einsseins, aus dem sie stammen, bewusst wären, würde es keinen Krieg mehr geben. Es ist die Anhebung des Bewusstseins auf der Erde, die dem Krieg ein Ende setzen wird. Die Sucht nach Krieg, die in die Menschheit eingewoben ist, und die Rechtfertigungen für Krieg, die sich die Menschheit ausdenkt, müssen auf der Erde sterben. Und diese Sucht stirbt derzeit sehr langsam, aber sie stirbt, auch wenn es noch viele, viele, viele Jahrzehnte dauern kann.

Doch ihr dürft die Hoffnung nicht aufgeben, wenn ihr uns das sagen hört. Ihr seid hier, um Teil dieses Wandels zu sein. Arbeitet also weiter im Namen des Lichts, wenn ihr könnt, statt euch mit dem zu beschäftigen, was die Dunkelkräfte auf dem Planeten anrichten könnten. Denn das wird die meisten von euch lähmen.

Um auf deine Frage zurückzukommen: Es geht dabei, dass ihr um Hilfe bitten sollt, nicht einfach nur darum, Hilfe von anderen zu erhalten. Es geht darum, sich daran zu erinnern, dass ihr alle Zugang zu Hilfe habt und über die Kraft verfügt, bei Bedarf um Hilfe zu bitten. Wir dürfen euch verraten – und Lee wird nichts dagegen haben, dass wir das tun, denn er erwähnt es selbst oft genug – muss auch er bei dem, was er jede Woche tut, manchmal daran denken, sich an uns zu wenden, wenn er in einer Situation ist, in der er Hilfe braucht. Dabei ist er ein Beispiel für jemanden, der dieses spirituelle Bewusstsein nun schon seit fast vierundzwanzig Jahren in seinem Leben und seit siebzehn Jahren öffentlich in seiner Arbeit lebt, und zwar sozusagen rund um die Uhr.

Und selbst er (nicht nur wegen seiner Ausbildung, sondern auch wegen dieser menschlichen Kultur, mit der er jeden Tag zu tun hat) muss sich daran erinnern, Hilfe zu holen oder sie in Anspruch zu nehmen, oder, wie wir sagen würden, »ein Rauchsignal zu senden«. Das zu verstehen ist für euch alle sehr wichtig. Seht ihr, wenn ihr einen anderen Menschen um Hilfe bittet und er euch hilft, ist das Endergebnis Liebe. Im Moment seid ihr vielleicht dankbar, dass man euch aus der Patsche hilft oder aus der Klemme, in der ihr steckt. Aber wenn die Notlage, in der ihr um Hilfe gebeten habt, vorbei ist und euch etwas gegeben wurde, das die Energien neutralisiert und erweitert hat, dann geschieht etwas Tiefgreifendes.

Das kann ganz subtil und für viele von euch unbemerkt geschehen. Ihr erinnert euch plötzlich an die Liebe. Ihr erinnert euch an eure Verbundenheit. Ihr erinnert euch an das Einssein und fühlt euch auf dem Planeten geborgen und behütet – vielleicht nur für einen Moment oder einen Tag oder eine Woche. Aber ihr erinnert euch daran, dass ihr alle tief miteinander verbunden seid. Und so ist es auch, wenn ihr uns oder einen eurer Engel oder euer Führungsteam um Hilfe bittet. Und um die Sache ganz praktisch anzugehen: Ihr könnt einfach laut um Hilfe bitten.

Das sind jetzt nur Beispielformulierungen. Ihr könnt diese Worte gerne verwenden, aber auch eure eigenen schwingungsreichen Worte erschaffen. Manchmal ist es so einfach, diese Sätze zu sagen, selbst wenn ihr nicht wisst, wie die Hilfe sich manifestieren wird.

Wir wissen, dass viele von euch ein arbeitsreiches Leben führen und wahrscheinlich mit vielen Menschen zu tun haben. Und so haben Sie vielleicht nur zwanzig Sekunden am Tag, in denen Sie diese Worte sagen können. Aber das reicht schon aus, um ein Signal zu senden, dass ihr offen dafür seid, Hilfe zu empfangen. Und wenn ihr bereit seid, zu empfangen, könnt ihr auch empfangen. Wenn ihr es nicht seid, gelingt es eben nicht.

Sagt einfach: »Ich habe heute Schwierigkeiten. Ich bitte meine Geistführer und meine Engelwesen, mir zu helfen. Bitte helft mir. Ich wünsche mir, wieder im Licht, in der Liebe und in der Offenheit zu sein.«

DIANNA: Müssen wir laut um Hilfe bitten? Oder können wir auch lautlos, in Gedanken, fragen? Und macht das überhaupt einen Unterschied?

DIE Z: Wir vergessen manchmal, es auf die menschliche Ebene herunterzubrechen, deshalb danke für diese Frage. Als wir sagten, »laut bitten«, meinten wir: in euch selbst. Wir möchten es einmal folgendermaßen ausdrücken: Manchen von euch, die feststellen, dass sie Schwierigkeiten haben, zu manifestieren oder sich zu verbinden und das

Gefühl zu entwickeln, dass sich ihr Leben auf eine gute Art und Weise entwickelt, sagen wir, dass lautes, mündliches oder schriftliches Bitten sehr kraftvoll für euch sein wird, weil dadurch in eurem menschlichen Selbst etwas in Bewegung gebracht wird. Wenn ihr euch diese Dinge laut sagen hört, wenn ihr diese Worte durch euren Körper gehen lasst, dann bewirkt das eine Veränderung. Wenn ihr diese Worte aufschreibt und dann über sie nachsinnt oder sie betrachtet, bewirkt auch das eine Veränderung.

Und für diejenigen unter euch, die wir als langfristig kämpfend oder leidend bezeichnen würden, gilt, dass ihr einige eurer Muster ändern müsst. Ihr müsst einige eurer tatsächlichen Erfahrungen auf der Erde ändern und um Manifestation bitten und dafür beten. Für euch wird dies ein Teil davon sein, euch zu erlauben, euch selbst anders zu sehen, zu fühlen und wahrzunehmen, indem ihr diese Worte durch euren Körper fließen lasst.

Nun werden einige von euch sehr emotional reagieren, wenn ihr dies tut. Ihr werdet vielleicht das Universum um Hilfe bitten. Ihr mögt die Engel um Hilfe bitten, und es mag euch zum Weinen bringen. Vielleicht fühlt ihr euch dann seltsam. Es kann sein, dass euch ein wenig schwindlig wird. Das ist im Übrigen gut so. Wenn ihr diese Art von Reaktionen bemerkt, bedeutet das, dass ihr die kontrahierten Teile in euch entgiftet und ihnen erlaubt, sich auszudehnen. Die Tränen stehen für die Erinnerung. Je mehr ihr dies mit eurem Körper praktiziert, desto mehr wird euer Körper ein neues, nennen wir es, energetisches

Muskelgedächtnis entwickeln. Ihr werdet anfangen, euch an diese Art zu denken zu gewöhnen.

Aus diesem Grund empfiehlt Lee immer wieder, für euch selbst zu channeln und die Botschaften aufzuschreiben, wie diejenigen von euch wissen, die Lee seit vielen Jahren kennen. Wie er selbst sagt: Setzt euch einfach hin und schreibt. Fragt euer höheres Selbst oder eure Seele, was sie euch heute sagen will.

Ihr könnt euch mit einem Blatt Papier hinsetzen und darauf schreiben: »Was will mir meine Seele heute sagen?« Oder, je nachdem, was ihr bevorzugt: »Was will mir mein höheres Selbst heute sagen?«

Und dann setzt ihr euch hin und schreibt die Worte auf, die euch gerade in den Sinn kommen. Selbst wenn ihr denkt, dass ihr euch das nur einbildet oder es reine Fantasie ist. Das geht schon in Ordnung. Ihr müsst nicht unbedingt eine Erfahrung machen, bei der das grelle Licht Gottes euch blendet und ihr einen »Klaps auf den Hinterkopf« bekommt. Selbst wenn es so wäre, würdet ihr es vielleicht gar nicht so wahrnehmen.

Gechannelte Botschaften zu empfangen ist für diejenigen, die sich selbst als »Channelmedien« sehen, völlig normal. Und die Normalität ist der Aspekt, den ihr verstehen und akzeptieren müsst. Setzt euch also hin und schreibt diese Worte nieder: »Was will mir meine Seele heute sagen?« Oder: »Was will mir mein höheres Selbst heute sagen?« Während ihr dann die Worte notiert, die euch als Antwort in den Sinn kommen, Worte, die liebevoll, unterstützend und vielleicht auch überraschend für euch sind, steigen im Körper Emotionen auf, und das Zulassen und Anerkennen dieser Emotionen ist Teil des Prozesses. Es ist der Körper, der etwas erkennt, nach dem er schon lange dürstet oder hungert. Er mag nicht gewusst haben, dass er nach dieser Empfindung hungerte, aber nun fühlt er sich genährt und ist vielleicht überrascht.

Deshalb ermutigen wir euch dazu, regelmäßig gechanneltes Schreiben zu praktizieren. Manche nennen es auch automatisches Schreiben. Selbst wenn ihr es nur drei Minuten pro Tag tut, hat es eine tiefgreifende Wirkung auf euch. Wir empfehlen, es mindestens drei Mal pro Woche zu praktizieren. Und je öfter und länger ihr es praktiziert, desto mehr werdet ihr euch auf die Liebe kalibrieren. Ihr werdet euch ein neues energetisches Muskelgedächtnis erschaffen, das es euch ermöglicht, eine liebevolle Leichtigkeit euch selbst gegenüber zu entwickeln.

Wir hoffen, dass dies deine Frage beantwortet.

DIANNA: Schon, nur sind wir damit wieder da, wo wir angefangen haben (was wunderschön ist und ein großartiger Ort, um dieses Gespräch zu beenden), nämlich:

Je mehr wir uns auf die Liebe kalibrieren, desto mehr kalibrieren wir uns auf das Einssein.

DIE Z: Das ist wohl wahr,

und wenn ihr euch auf das Einssein kalibriert, verbindet ihr euch wieder mit allem.

Wir dürfen euch noch etwas mitteilen: Letztlich geht es bei allem, was ihr im Leben tut – allem, worauf ihr hinarbeitet, den Hindernissen, die ihr zu überwinden versucht, und bei dem, was ihr werden wollt – immer um Verbundenheit. Um als Mensch lebendig zu sein und sein Leben zu genießen, müsst ihr euch verbunden fühlen. Denkt jetzt an die Momente und Zeiten in eurem Leben, in denen ihr tiefe Verbundenheit spürtet. Warum ist romantische Liebe für euch so atemberaubend? Weil sie im Körper einen Rausch auslöst, besonders in den ersten Monaten, wenn ihr euch auf ein anderes menschliches Wesen einstellt, das euch hilft, mehr ihr selbst zu werden, das euch hilft, die Liebe auf eine ganz neue Weise in euer System zu lassen. Das ist ein Rausch, denn ihr vertieft dadurch eure Erfahrung der Verbundenheit, und ihr tut es aus dem Herzen. Alles, was ihr im Leben tut, strebt nach Verbundenheit oder dient dazu, sie aufrechtzuerhalten.

Jetzt werdet ihr vielleicht sagen: »Und was ist mit der Zeit, in der ich mich drei Jahre lang selbst sabotiert habe?« Nun, vielleicht habt ihr in jenen drei Jahren versucht, einige der toxischen Dynamiken und Beziehungen loszuwerden, auf die ihr euch entweder in diesem Leben neu eingelassen habt oder die ihr als Seelenprägung aus früheren Leben mitbrachtet, um sie zu überwinden und dadurch dann anderen Menschen zu helfen. Ihr habt verzweifelt versucht, euch mit dem Licht zu verbinden, indem ihr euch immer wieder mit der Dunkelheit verbandet, bis ihr zu dem Punkt gelangtet, an dem euch klarwurde, dass es einfach nur weh tut, sich immer und immer wieder mit der Dunkelheit zu verbinden. Es hat euch wehgetan. Und es setzt euch einem großen Risiko aus, nicht nur euren physischen Körper, sondern auch eure Seele. Wenn in eurer Seele das Licht ausgeht, gibt es kein Spiel mehr, das ihr noch spielen könnt. Dann ist für den Menschen das Spiel aus.

Der Grund, warum wir über all das zu euch sprechen, ist, dass Verbundenheit eure treibende Kraft ist. Selbst wenn ihr denkt, dass ihr gerade einige sehr große Dummheiten in eurem Leben begeht, könnt ihr doch jederzeit innehalten und euch fragen, warum ihr sie begeht, und vielleicht werdet ihr dann feststellen, dass ihr euch mit einem anderen Weg verbinden wollt. Und die einzige Möglichkeit, sich mit diesem anderen Weg zu verbinden, besteht darin, dass ihr eine schlechte Angewohnheit oder Sucht für euch so unangenehm werden lasst und ihr euch so schrecklich dabei fühlt, dass der einzige Weg, den ihr dann noch einschlagen könnt, in die völlig entgegengesetzte Richtung geht. Geschieht das wiederholt, seid ihr dabei, euch zu reinigen und zu entgiften – Energien loszuwerden, die euch vielleicht schon seit vielen Jahren umgeben, denn es ist für euch nun an der Zeit, euch ein für alle Mal von ihnen zu trennen.

Verbundenheit ist eure treibende Kraft. Das Einssein ist ein Zustand, bei dem ihr in ständiger Verbundenheit lebt.

Wenn ihr im Zustand des Einsseins lebt, könnt ihr eure Verbindung zu allem spüren. Deshalb möchten wir euch alle daran erinnern, dass, egal wie sehr ihr von eurer Familie, euren Kindern, anderen geliebten Menschen oder einem Notfall, der gerade in eurem Leben passiert, beansprucht werdet – und egal, ob ihr einer Person oder einer Gruppe, um die ihr euch kümmert, so viel Energie, Zeit und Verbindung wie möglich geben wollt – ihr als Seele verkümmert, wenn ihr euch nicht auch mit dem verbindet, was euch wichtig ist. Es ist für euch lebenswichtig, dass ihr euch mit dem verbindet, was für euch einzigartig wichtig ist, denn das stärkt eure Lebenskraft. Und wenn eure Lebenskraft zunimmt, könnt ihr viel mehr Lebenskraft an andere weitergeben.

Selbst wenn ihr gerade eine sehr schwierige Aufgabe bewältigen müsst – vielleicht ist ein geliebter Mensch schwer erkrankt, was euch selbst und eure Familie vor große Herausforderungen stellt –, solltet ihr euch unbedingt etwas Zeit für euch selbst nehmen, und sei es nur für fünf oder zehn Minuten täglich. Das bedeutet, dass ihr alle Beziehungen, Verpflichtungen und Verantwortlichkeiten für einen Moment hinter euch lasst und etwas tut, das euch von innen heraus Licht spendet. Vielleicht könnt ihr ein paar Worte niederschreiben wie »Was will mir meine Seele heute sagen?« und sehen, was dabei herauskommt. Vielleicht hört ihr euch ein Lied an, das ihr sehr gerne mögt und das sich durch euren Körper bewegt, Gefühle und Gedanken freisetzt und euch von innen heraus befreit. Denkt daran: Musik ist eine alchemistische Energie, die ihr in euch aufnehmt, wenn ihr sie hört. Es ist nicht anders als bei der Homöopathie. Musik ist ein energetischer Heiler, der sich von Kopf bis Fuß durch euren Körper bewegt und Blockaden löst. Sie ist sehr beruhigend. Findet also Musik, die zu euch passt. Findet heraus, ob Tanzen im Wohnzimmer euch guttut. Findet einen Freund, den ihr für fünf bis zehn Minuten anrufen könnt und der euch wieder mit dem Licht verbindet.

Es sind stürmische Zeiten auf der Erde, ja. Aber es sind stürmische Zeiten in den niederen Dimensionen. Die höheren Dimensionen kommen stärker als je zuvor zu euch herein. Und es wird eure Bestimmung sein, euch mit ihnen zu verbinden, mehr als ihr es je zuvor getan habt.

Und dann werden die meisten von euch, die dies lesen, zu einem mächtigen Kanal für diese neuen Energien auf der Erde werden. Das ist gut.

Es war uns ein Vergnügen, dieses Gespräch mit dir zu führen, und es kommen ja noch weitere. Dianna, wir danken dir, dass du dich auf das, was nötig war, eingestellt hast, und für deine Eloquenz und Brillanz. Und allen, die hier mitlesen, danken wir für die Zeit, die Energie und den Raum, den sie uns zur Verfügung gestellt haben.

Dianna, hast du noch ein paar abschließende Worte?

DIANNA: Ich möchte euch für ein sehr interessantes und anregendes erstes Gespräch danken und freue mich schon auf das nächste. Also, bis zum nächsten Mal.

DIE Z: Das ist sehr gut, wir freuen uns auch bereits. Ha! Frieden und Liebe für euch alle.

Zweites Gespräch

Themen

- Das Zeit-Paradox.
- Eine gesellschaftliche Abrechnung wird kommen.
- Befreiung: Wie das Bewusstsein seine Form verändert.
- Was die nächsten fünfzig Jahre für die Frequenz der Erde bedeuten.
- Warum es wichtig ist, multidimensional zu leben.
- Die Macht der bewussten Wahrnehmung.
- Die Begriffe »Dimension«, »Reich« und »Ebene« verstehen.
- Warum die dreidimensionale Mathematik andere Dimensionen nicht erklären kann.
- Der entscheidende nächste Schritt ist, dass ihr euch ein multidimensionales Leben erschafft.

DIANNA: Willkommen zurück zu *Gespräche mit den Z*. Dies ist das zweite Gespräch. Willkommen, Z.

DIE Z: Gut. Herzlich willkommen. Das zweite Gespräch hat begonnen, und wir sind bereit, den Gesprächsfaden wieder aufzunehmen und andere Richtungen einzuschlagen. Also geben wir ohne viel Aufhebens das Wort an dich zurück, Dianna. Wir freuen uns auf deine Fragen.

DIANNA: Ich danke euch. Ich möchte euch zunächst um eine Klarstellung bitten. In einer früheren Audioaufnahme sagtet ihr, ihr würdet aus der Zukunft zu uns kommen. Ich glaube, das bezog sich nur auf diese eine Aufnahme, oder kommt ihr jetzt auch aus der Zukunft?

DIE Z: Nun, in dem Podcast, auf den du dich beziehst, übermittelten wir eine Botschaft, die zeitlich zwischen 2030 und 2035 angesiedelt war, speziell wegen der Frequenz der Einheit und Liebe, die wir den Menschen zugänglich machen wollten. Indem wir also zum Zeitpunkt dieser Sendung ungefähr ein Jahrzehnt vorangingen, war es für uns einfacher, diese Frequenz zu übertragen, weil sie zu diesem Zeitpunkt auf der Erde stärker präsent sein wird. War das für euch nachvollziehbar?

Wir sind in der Lage, die Zeitpunkte zu verschieben, aber ihr könnt das auch. Wir können zu euch allen aus der Vergangenheit sprechen. Wir können aus der Zukunft zu euch sprechen. Wir können aus der Gegenwart zu euch sprechen, genauso wie wir zu euch allen aus einer niedrigeren oder höheren Schwingung sprechen können.

Wir werden euch das an einem Beispiel erklären. Auf der Erde könnt ihr Fernsehprogramme oder Filme sehen, die euch in niedrigere Schwingungen – Angst – oder höhere Schwingungen versetzen.

Wir sind uns bewusst, dass die Ängste, von denen ihr euch in Erregung versetzen lasst, wenn ihr fernseht oder euch Filme anschaut, mitunter hilfreich sein können. Manchmal kann das Durchleben dieser Ängste euch sogar um einiges stärker machen oder es versetzt euch in die Lage, diese Ängste aus eurem System zu entfernen, aber hin und wieder sind die Schwingungen auch niedrig und nicht gerade hilfreich. Und deshalb fangen viele von euch, je mehr ihr erwacht, an, sehr viel wählerischer damit zu sein, was ihr euch anschaut und was nicht – oder ob ihr überhaupt noch fernseht. Es gibt viele wunderbare, höher schwingende Fernsehsendungen und Filme auf eurem Planeten. Es ist also wichtig zu verstehen, dass alles (dieses Gespräch mit uns eingeschlossen) euch von einem Punkt zum anderen bringen kann. Und das Wichtigste, was ihr tun könnt, ist, geschickt darin zu werden, es zu bemerken – zu bemerken, wenn sich eure Energie aufgrund der Anwesenheit einer Person, eurer eigenen Gedanken oder eines Ortes, den ihr aufsucht, verändert – und dafür sensibel und bewusst zu sein.

Zurück zu deiner ursprünglichen Frage: Wir sprechen heute aus einer Vielzahl von Zeitpunkten zu euch, und es hängt ganz vom Leser ab. Wir befinden uns einerseits in der Gegenwart: Dieses Gespräch wird am Ende des Jahres 2021 aufgezeichnet. Und wir können euch sagen, dass wir aus der Zeitspanne von 2021 bis 2028 zu euch sprechen, mit gelegentlichen Momenten, in denen wir in die 2030er Jahre springen. Und hin und wieder werden wir in diesen Gesprächen auch in die 2040er Jahre vordringen. Das mag euch jetzt seltsam vorkommen oder wie ein Rätsel, das ihr lösen müsst, aber das ist nicht der Fall. Ihr geht als Menschen immer in die Zukunft hinein und aus ihr heraus. Ihr seid manchmal in der Vergangenheit, manchmal in der Gegenwart und manchmal in der Zukunft.

Der Grund dafür, dass wir von verschiedenen Positionen in der Zeit zu euch sprechen, ist, dass es euch helfen wird, eure eigene Frequenz zu erhöhen und zu kalibrieren.

Wir selbst springen nicht buchstäblich durch die Zeit, um das zu tun. Wir verändern einfach den Fokus unserer bewussten Aufmerksamkeit. Wir existieren nicht unbedingt im gegenwärtigen Moment, so wie ihr in eurem Dimensionskörper, aber wir existieren, weil wir durch euren Dimensionskörper zu euch kommen. Ihr habt also durch uns gerade alle das, was einige von euch wahrscheinlich als »Kontakterfahrung« bezeichnen würden.

Oft sprechen die Menschen auf der Erde über außerirdische Aktivitäten oder bezeichnen die Begegnung mit Aliens als Kontakterfahrung. Und auch wenn es sich im Physischen so abspielen mag, würden wir doch sagen, dass ihr jedes Mal, wenn ihr auf der Erde mit anderen Dimensionen interagiert, eine Kontakterfahrung macht.

DIANNA: Das fühlt sich richtig an, doch mein Gehirn hat wirklich Schwierigkeiten zu verstehen, wie ihr von so weit in der Zukunft zu uns kommen könnt. Der Mensch in mir möchte sagen: »Oh, tatsächlich? 2040? Was ist in den zwanzig Jahren dazwischen passiert?« Wir gehen hier nämlich gerade durch ziemlich grauenvolle Zeiten, und vielen von uns fällt es schwer, euch nicht darum zu bitten, die Zukunft vorauszusagen.

DIE Z: Ja.

DIANNA: Wenn ihr also sagt, dass ihr aus diesen Zeiträumen kommt, muss ich den Drang unterdrücken, euch zu fragen, was auf der Erde in den kommenden Jahren passieren wird.

DIE Z: Und es steht euch frei, alles abzulehnen, was wir sagen, sei es, weil ihr einen inneren Drang dazu verspürt, sei es, weil euer rationaler Verstand es euch sagt oder weil es euch energetisch widerstrebt. Was wir anzubieten haben, bieten wir euch in dem Wissen an, dass ihr alle es so alchemistisch aufnehmen und anpassen werdet, wie es für euch stimmig ist. Und übrigens, manchmal denken diejenigen von euch, die uns zuhören oder sich vielleicht anderen Schwingungsinformationen oder spirituellen Lehren (oder wie auch immer ihr es nennen wollt) aussetzen, dass etwas falsch läuft, wenn ihr euch dem widersetzt, was wir sagen. Doch was wir euch sagen möchten, ist, dass ihr immer dort seid, wo ihr sein sollt.

Manchmal sind unsere Worte oder die Worte eines anderen Wesens dazu gedacht, euch zu helfen, euren Widerstand anzuschauen und zu erkennen, ob ihr den Widerstand klar genug wahrnehmen könnt, um ihn zu verändern. Wenn wir sagen, dass wir aus verschiedenen

Zeiten zu euch sprechen, dann denkt daran, dass wir gegenwärtig nicht im physischen Körper verankert sind und deshalb von jeder Position in der Linearität zu euch sprechen können, nicht weil wir irgendeinen hüpfenden Tanzschritt machen, der uns umherbewegt, sondern weil ihr, die Leser, ebenfalls in der Lage seid, auf die Zukunft und die Vergangenheit zuzugreifen. Ihr seid nur nicht so geübt darin, und der Schwerkraftanzug der Menschen erleichtert es euch nicht unbedingt. Und doch gibt es Millionen (und wir meinen buchstäblich Millionen) auf diesem Planeten, die dies tun. Einige von ihnen tun es heimlich und wissen, dass sie astral reisen, während andere es nicht bewusst tun, sondern es widerfährt ihnen einfach.

Es gibt viele, sehr viele Menschen, die durch ihre Vorfahren geschult wurden – ihre Großeltern, die diese Wege kannten und wussten, dass ihr zwar im gegenwärtigen Moment hier lebt, aber durch Multidimensionalität und Einssein immer mit allem verbunden seid.

Nun, um auf deine Formulierung der »ziemlich grauenvollen Zeit« auf der Erde zurückzukommen: Wir verstehen, dass es ein gewisses Maß an »grauenvollen« Zuständen auf der Erde gibt, aber wir sagen euch Folgendes: Aus unserer Sicht vergessen viele von euch, die jetzt inkarniert sind und manche schlimmen Aspekte auf der Erde sehr bewusst wahrnehmen, wie fortschrittlich euer jetziges Leben im Vergleich zu der Situation vor, sagen wir, hundert Jahren ist. Andererseits, je mehr Jahrhunderte ihr in der Zeit zurückgeht, desto mehr von eurer alten Magie und eurem

Verständnis war auf der Erde vorhanden. Es gab Perioden in der Erdgeschichte, in denen die Energiefelder offener waren, bevor sie wieder geschlossen wurden.

Wenn wir also hundert Jahre zurückblicken, sagen wir euch, dass es einen großen Fortschritt in der Art und Weise gibt, wie ihr jetzt gerade lebt, der allerdings gleichzeitig mit einigen der grauenvollen Aspekte existiert, von denen du hier sprichst, Dianna, und die viele von euch spüren und bewusst wahrnehmen. Aber das ist der Grund, warum ihr euch des Ganzen viel mehr bewusst werdet, wenn ihr in eurem Leben die meiste Zeit über eine eher multidimensionale Perspektive einnehmt, statt euch nur auf die schrecklichen Aspekte zu konzentrieren. Das wird es euch leichter machen, eine umfassendere Erfahrung der Welt zu machen, im Gegensatz zu einer, die sich überwiegend auf die Kontraktion beschränkt.

Und dir, Dianna, sagen wir – und zwar stellvertretend für alle Leserinnen und Leser: Wirst es dir in zwanzig Jahren gutgehen? Ja, das wird es. Nun, das mag den Bann einiger der Narrative brechen, die sich derzeit auf der Erde abspielen. Mit anderen Worten, ihr werdet vermutlich sehen, dass ihr einige der gegenwärtigen negativen »Agenden« auf der Erde (jene, die der Menschheit und ihrer positiven Entwicklung nicht dienen) als Volk in zwanzig Jahren weitgehend überwunden haben werdet. Das ist der Kampf, in dem ihr euch jetzt befindet, und dieser Kampf wird, mehr oder weniger, einen großen Teil der nächsten Jahre und sogar einen Großteil des nächsten Jahrzehnts ausmachen. Aber wir sagen euch das, um euch dazu zu bewegen, euch nicht nur auf den Kampf zu konzentrieren.

Wenn wir von der »menschlichen Gesellschaft und einigen der dunkleren Aspekte ihrer Struktur« sprechen, ist es für einige von euch sehr leicht, zurückzuschrecken, in Angst zu verfallen, Untergangsstimmung zu empfinden oder zu merken, wie eure Energie sinkt. Nehmt wahr, wenn das bei euch der Fall ist. Das ist eure eigene emotionale Abrechnung mit den Aspekten des Lebens, die euch im Moment herausfordern. Verarbeitet auf jeden Fall diese Gefühle, aber arbeitet doppelt so intensiv daran, in eurem Leben Kraft, Freude und ein Gefühl der Verbundenheit zu erzeugen.

Der Kampf muss stattfinden, damit der Widerstand vorhanden ist. Wenn es keinen Kampf in der Energie gäbe, würde man sich einfach einer, sagen wir einmal, dunkleren Agenda ergeben, in der mehr totalitäre Kontrolle vorherrscht. Aber diese Agenda kann das Frequenzfeld der

Erde nicht so beherrschen, wie sie es möchte. Sie versucht es, und sie versucht es mit aller Macht, weil das Jahr 2024 näher rückt. 2024 ist ein Jahr des Übergangs, und 2030 ist ein weiteres Übergangsjahr. Das sind zwei sehr wichtige Achsenpunkte auf der Erde, und nicht nur auf der Erde, sondern im ganzen Universum.

Aus diesem Grund heizen sich die Dinge auf dem Planeten gerade in vielerlei Hinsicht auf. Was ihr im Augenblick als »grauenvoll« erlebt, sind einige der alarmierenden Aspekte der Richtung, in die sich die Menschheit zur Zeit bewegt. Und es ist etwas beunruhigend für euch, dass andere das nicht auch sehen.

Aber vor allem in den kommenden zwei bis drei Jahren werden mehr Menschen erwachen und nicht nur die Realität als Ganzes in Frage stellen, sondern auch die menschliche Gesellschaft und einige der dunkleren Aspekte ihrer Struktur.

Im ersten Gespräch sagten wir euch, wie wichtig es ist, dass ihr euch mit dem verbindet, was euch mit Gefühlen von Verbundenheit und Zielstrebigkeit erfüllt und euch inspiriert. Das ist eine Praxis für jeden Tag, keine Belohnung, die ihr euch nur, sagen wir, einmal im Monat gönnen sollt. Macht wirklich eine feste, tägliche Gewohnheit daraus. Nicht, um euch selbst zu trösten, Zufriedenheit zu verschaffen oder zu belohnen – ganz und gar nicht. Tut es, weil es eure Lebenskraft so sehr stärkt, dass sie jene Energien anzieht, die in eurem Leben Verbundenheit erzeugen. Wenn ihr euch von dem entfernt, was euch das

Gefühl gibt, dass ihr mit der Erde verbunden seid und euer Leben einen Sinn hat, und euch stattdessen ganz auf die grausamen Aspekte des Lebens auf der Erde fixiert, werdet ihr nicht in der Lage sein, Frequenzen von Freude, Licht und Liebe zu erzeugen.

Und das ist der einzige Grund, warum ihr dies hier gerade lest. Ihr lest unsere Worte, weil es entweder euer Weg oder eure Mission im Leben ist, oder weil ihr gerade zu der Erkenntnis erwacht, dass dieser Zustand der Verbundenheit euch tatsächlich offensteht. Und ihr beginnt zu erkennen, dass es Ebenen des Lichts und der Liebe gibt, die ihr erfahren könnt und die euer Leben verändern werden. Aber wie gesagt, ihr verändert nicht nur *euer* Leben, indem ihr diese Art von Übung möglichst täglich praktiziert. Eure Mitmenschen werden, wenn sie euch begegnen, die Veränderung in eurem Energiefeld spüren. Und ja, es ist möglich, dass einige dann zurückschrecken. Einige möchten nicht in der Gegenwart von jemandem sein, dessen Schwingung eine bestimmte Höhe oder ein bestimmtes Leuchten hat. Aber es steht ihnen ja frei, sich zu entfernen. Und andere, die eure Schwingung erfreulich und angenehm finden, werden sich auf euch zubewegen. Und dann werdet ihr noch mehr Leute anziehen, die ebenfalls diese Frequenz erzeugen. Das ist der Grund, warum diejenigen von euch, die in hoher Frequenz zusammenkommen, sich gut fühlen.

Ein Beispiel, Dianna: Die Freundschaft, die du, Lee und dein Mann Douglas miteinander haben, hilft euch, gemeinsam die hohen Frequenzen zu erzeugen und zu erhalten. Und alle Leser können das nachempfinden. Sie können euch von den Menschen erzählen, die sie inspirieren und ermutigen. Und je mehr ihr euch auf diese Weise verbindet und je mehr ihr gegenseitig diese Frequenzen in euch anhebt und stärkt, desto mehr werden diese höheren Schwingungen Teil eures neuen energetischen Muskelgedächtnisses.

Nun, um auf deine Frage zurückzukommen:

Die gesamte Zeit steht euch allen jederzeit zur Verfügung.

Wenn wir also zu euch sagen, dass wir mit einem zeitlichen Fokus zu euch sprechen, bedeutet das nicht, dass wir nicht gerade im Jahr 2021 zu euch sprechen. Aber gelegentlich, wie ein Koch ein Rezept anpassen würde, mischen wir ein wenig 2030 oder ein wenig 2045 hinein, nicht so sehr wegen dem, was sich zu diesem Zeitpunkt in der Erdgeschichte im Detail abspielt, sondern mehr wegen dem, was energetisch auf der Erde verfügbar ist.

Und der Grund, warum wir das tun, ist, dass euer Körper und eure Seele es spüren. Das, was sich in zehn oder fünfzehn Jahren in größerem Ausmaß manifestieren wird, ist jetzt schon als energetischer Samen vorhanden. Wir lenken eure Aufmerksamkeit lediglich auf Teile eures

Körpers und eures Energiefeldes, die bereits existieren. Und indem ihr euch darauf konzentriert, erlaubt ihr es diesen Energien, sich zu verstärken.

Denn wisst ihr was? Wie wird die Energie auf der Erde erzeugt? Durch jeden von euch – ha! Es geht nicht nur darum, dass ein kosmischer Strahl mit einer Frequenz auf dem Planeten landet. Es geht darum, dass ihr die Frequenz in eurem Inneren spürt und gewissermaßen selbst ein Stück weit zu dieser Frequenz werdet. Und dann, wenn eure Gruppe genug wächst und sehr viele Menschen umfasst, werdet ihr in der Lage sein, selbst die Frequenz zu erzeugen. Und das ist eine sehr gute Sache.

DIANNA: Nun, ich denke, darum geht es in diesen Gesprächen, es ist meine Absicht ebenso wie eure, diesen Kurs der Freude, Positivität und Energie, die ihr jetzt mit uns teilt, aufrechtzuerhalten, diese Elemente stärker und stärker zu machen und uns so in diese größere Zukunft zu bringen. Das ist definitiv ein Teil unseres Ziels.

Eine Sache, die mich am Tanz der Zeit interessiert, ist das Thema des »Paradoxen«. Viele unserer gemeinsamen Gespräche kreisen um paradoxe Situationen: Wie können zwei Dinge, die gegensätzlich erscheinen, gleichzeitig wahr sein? Wir können zum Beispiel sagen: »Es gibt eigentlich keine Zeit, aber wir sprechen trotzdem über Zeit.« So etwas geschieht bei Gesprächen über Spiritualität immer wieder und ganz gewiss auch bei Gesprächen über Multidimensionalität. Ich möchte das ansprechen, weil ich mir bewusst bin, dass einige der Aussagen hier für die Leser widersprüchlich klingen könnten, und als kleine Warnung, dass dies für Verwirrung sorgen könnte.

Ich würde gerne mehr über das Paradoxon der Zeit sprechen. Es gibt so etwas wie Zeit nicht, und doch ist sie ein Konstrukt, das sehr stark zu unserer irdischen, dreidimensionalen Erfahrung gehört. Ihr, als neundimensionale Wesen, sprecht über Zeit und die Möglichkeit, in die Zukunft oder Vergangenheit zu reisen. Mir ist klar, dass ihr in einem Kontext sprecht, der sich auf uns bezieht, aber wenn ihr über die Zukunft sprecht, gibt es dann einen bestimmten Teil der Zukunft, der bereits feststeht und den ihr sehen könnt, weil unsere Energie ihn irgendwie bereits erschaffen hat? Könntet ihr ein wenig genauer beschreiben, was in der Zukunft vor uns liegt?

DIE Z: Ja. Und wir werden euch auch sagen, dass es verschiedene Wesen und verschiedene Entitäten gibt, deren Zugang zur Zeit unterschiedlich ist. Wir können aus unserer Perspektive über das sprechen, was für uns an diesem Punkt zugänglich ist. Und das hängt nicht zuletzt davon ab, wem wir eine Stimme geben.

Zunächst einmal geht es natürlich immer auch darum, was Lee als Empfänger und Wissender dessen, was wir ihm bringen, verarbeiten kann. Aber noch wichtiger ist, dass wir gerade jetzt in einem direkten Dialog mit den vielen Tausenden von Menschen stehen, die dieses Gespräch in den kommenden Jahren lesen werden.

Wir können an sie das weitergeben, was weitergegeben werden darf, weil es ihre Arbeit und ihr Wachstum nicht beeinträchtigt.

Das heißt, wir können euch Stücke und Fragmente von Informationen und Energien übermitteln, die euch helfen, eure Multidimensionalität zu entdecken und euer Bewusstsein zu erweitern.

Aber wir dürfen keine Informationen an euch weitergeben, für die ihr noch nicht bereit seid oder die euch zu sehr aus dem Gleichgewicht bringen würden, denn damit würden wir eure Möglichkeiten einschränken. Unter Berücksichtigung dessen können wir euch allerdings sagen, dass die Entwicklung auf der Erde für die nächsten fünfzig Jahre bereits ziemlich feststeht.

Was wir damit meinen, ist, dass es energetisch einen Weg, einen Kurs gibt, auf dem ihr euch alle befindet, der aber für euch auf der Erde viel langsamer voranschreitet als für uns in unserer Wahrnehmung.

Ein Aspekt der Dimension, aus der wir die Entwicklung beobachten, ist, dass wir quasi aus der Vogelperspektive auf alles blicken, was vor sich geht. Für euch, die ihr in eurem »Schwerkraft-Körperanzug« lebt – der übrigens wunderschön ist, und wie wir gesagt haben, waren viele aus unserer Gruppe schon oft im Schwerkraftanzug auf der Erde und machten dort faszinierende Erfahrungen –, ist es oft erst nach eurem physischen Tod möglich, das zu erkennen. Denn wenn ihr das Leiden, den Schmerz und die Kontraktion loslasst, die es auf der Erde gibt, könnt ihr erkennen, was für ein außergewöhnlicher, faszinierender Tanz euer Leben dort war.

Die Entwicklung auf der Erde in den nächsten fünfzig Jahren steht fest im Hinblick darauf, wie die Schwingungsfrequenz ansteigen wird. Und bis zu einem gewissen Grad können wir euch auch Angaben darüber machen, wie sich Systeme verändern werden: einige werden zerfallen, andere werden sich reformieren. Je nachdem, welche Prophezeiung ihr euch anhört und wann diese mitgeteilt wurde, wird die Interpretation der aktuellen Entwicklungen auf der Erde sehr unterschiedlich ausfallen. Jemand, der vor einigen tausend Jahren eine Prophezeiung über das Jahr 2012 machte, war zum Beispiel in der Lage, die Zukunft zu dieser Zeit auf eine Weise zu lesen, die nicht nur für ihn selbst, sondern auch für die Kulturen, die diese Prophezeiung noch tausend Jahre später verehrten, wichtig war.

Allerdings werden sich dic Details, die Energien und einige Formen der Prophezeiung in dieser Zeit verändert haben. Aus diesem Grund ist es für uns immer ein Tanz, wenn wir zu euch über die Beziehung zwischen der materiellen Manifestation und der energetischen Ebene sprechen, in der sie sich abspielen wird. Wenn wir euch sagen, dass dic nächsten fünfzig Jahre auf der

Erde festgelegt sind, meinen wir, dass sie in energetischer Hinsicht festgelegt sind.

Wir können euch auch sagen, dass auf der Erde in den nächsten zehn bis zwanzig Jahren etwas stattfinden wird, was wir als »gesellschaftliche Abrechnung« bezeichnen würden. Damit ist gemeint, dass die Gesellschaft, wie ihr sie kennt, am Ende des Spiels angelangt ist, das sie gespielt hat.

In eurem Gesellschaftssystem besteht eine sehr hierarchische, seit vielen Jahrhunderten starre Struktur. Ihr könntet noch weiter zurückgehen, Tausende von Jahren, bis zu dem Zeitpunkt, an dem die Saat für diese Blockade gelegt wurde. Aber erst seit dem 16. und 17. Jahrhundert kam die schwingungsmäßige Realität dieser blockierenden gesellschaftlichen Struktur voll zum Tragen.

Heute beginnen immer mehr Menschen aufzuwachen. Sie erkennen das Ungleichgewicht in den Machtstrukturen auf der Erde und sehen, dass hier eine Mentalität des »Wir gegen sie« am Werk ist. In dieser Struktur verfügen einige wenige Personen an der Spitze über die ganze Macht. Von ihnen stehen nur sehr wenige im Licht der Öffentlichkeit. Vielleicht glaubt ihr, es handele sich um die euch öffentlich bekannten Führungspersonen. Aber sie sind nicht die, die über die eigentliche Macht verfügen. Sie bilden vielmehr den Mittelbau – das Dienstpersonal der wirklich Mächtigen, das in deren Auftrag die jeweils vorgesehene Rolle in Politik und Gesellschaft spielt.

Nun aber erlebt ihr den energetischen Tod dieser Gruppe, ein energetischer Tod, gegen den sich viele von ihnen mit Händen und Füßen wehren und um ihre Machtstellung kämpfen. Sie kämpfen darum, sich, sagen wir, am Leben zu erhalten, indem sie innerhalb des hierarchischen Systems, das sie aufgebaut haben, immer extremere Methoden der Kontrolle anwenden. Und in dem Maße, in dem die Kontrolle zunimmt, erkennen immer mehr Menschen auf der Welt (die diese Kontrolle strikter und einschränkender finden als je zuvor), wie sehr ihre Bewegungsfreiheit und ihre Freiheit des Seins inzwischen beschnitten sind und dass ihre Herzen und ihr Geist nicht mehr so offen und frei sein dürfen, wie sie es noch vor ein oder zwei Jahrzehnten waren.

Je mehr Menschen dies erkennen, desto mehr werden aufstehen und sich wehren. Und wir meinen damit nicht einmal einen Aufstand im Sinne eines politischen Aktivismus. Das wird zwar gewiss auch geschehen, muss sich aber nicht wie in bisheriger Weise auf der Straße abspielen. An diesem Punkt in diesen bewussten Zeiten wird es sich zwangsläufig viel mehr in Herz, Verstand und Bewusstsein der Menschen abspielen. Eure Bewusstheit und eure Fähigkeit der Manifestation sind auf dem Planeten mittlerweile sehr stark geworden (und werden in den nächsten ein bis zwei Jahrzehnten weiter unglaublich zunehmen). Und das ist alles, was es braucht: genügend Bewusstheit auf dem Planeten, um dem, was sich manifestiert, eine neue Form und Richtung zu geben.

Im Laufe der nächsten ein oder zwei Jahrzehnte wird euch das viel mehr Befreiung bringen, und das selbst im Angesicht des Kampfes gegen die allgegenwärtigen einschränkenden Maßnahmen, zu denen die Mächtigen greifen. Das wird in den nächsten ein oder zwei Jahren noch etwas schlimmer werden, so dass immer mehr Menschen es deutlich sehen. Und an diesem Punkt wird, lasst es uns so ausdrücken, die Sonne zur Erde zurückkehren. Die Sonne (und wir meinen nicht die Sonne, wie ihr sie kennt – wir sprechen hier in energetischen Begriffen) wird kommen und den Wandel unterstützen, nicht nur im Bewusstsein, sondern in Form, System und Struktur.

Und übrigens werden viele Elemente des Systems, in dem ihr euch derzeit befindet, bestehen bleiben, denn nicht alles davon ist schlecht. Vieles wird bleiben, aber in neu gestalteter Form, auf leichtere Art und mit weniger Zwang. In den Jahren ab 2030 und darüber hinaus wird jedoch mindestens ein Drittel der Art und Weise, wie euer Weltsystem regiert und betrieben wurde, zu verschwinden beginnen. Und das ist der Punkt, an dem der bewusste Wiederaufbau stattfinden wird.

Viele von euch sind jetzt schon dabei, bewusstere Systeme für die Zukunft aufzubauen, und vielleicht tut ihr das in eurer lokalen Gemeinschaft. Ihr habt vielleicht einen kleinen Laden oder ein Geschäft eröffnet, oder ihr verkauft Waren oder Dienstleistungen an einige wenige Menschen vor Ort, die von der Energie der Einheit, der Verbundenheit und des Wohlbefindens durchdrungen sind, statt weiter auf Angst, Mangel, Konkurrenzdenken und Bewertungen fixiert zu sein – jene Muster, die geschickt in euer System eingewoben wurden, um euch darin gefangen zu halten.

Und viele von euch sind bereits dabei, innovativ die Zukunft zu gestalten. Einige haben große Träume. Sie wünschen sich vielleicht, Hunderttausende von Menschen für ihre Vision begeistern zu können. Nun, wir sagen euch: Glaubt an euren Traum! Vielleicht wird sich diese größere Vision erst in fünf oder sechs Jahren vollständig manifestieren. Aber vertraut darauf, dass eure Träume die Saat für eure Zukunft sind.

Niemand von euch ist hier, um die Welt zu retten. Das ist ein alter Glaube, ein alter Mythos, und es ist eine Last, die viele Sensitive, Heiler und Empathen sich irrtümlich auf die eigenen Schultern laden, weil sie das Trauma aus jenen Zeiten noch nicht losgelassen haben, als sie sich selbst und andere nicht retten konnten. Aber ihr könnt euch davon lösen und erkennen, dass diese Welt nicht gerettet werden muss – nein! Ihr habt euch in einer komplexen Welt inkarniert, in der sehr komplexe Energien am Werk sind. Und Krieg ist ein großer Teil dieser Welt. Wir sagen das nicht, um euch zu erschrecken, sondern um euch eine Realität vor Augen zu führen. Der Krieg kommt nicht aus euren menschlichen Herzen. Er wurde in eure Systeme eingewoben, und ihr alle fühlt euch eigentlich von der Energie des Krieges abgestoßen. Ihr tragt den Krieg nicht wirklich in euren Herzen. Krieg ist etwas, das euch beigebracht wurde, er wurde euch antrainiert, im Kleinen wie im Großen.

Und genau *diese* Energie ist es, die in den nächsten fünfzig Jahren euren Planeten verlassen wird.

Einige von euch stöhnen und ächzen jetzt und wünschen sich, ihr könntet das Ende des Krieges erleben, bevor ihr sterbt. Aber das spielt keine Rolle, denn ihr werdet es auch sehen können, nachdem ihr gestorben seid, also macht euch deswegen keine Sorgen.

Wir betrachten das alles jetzt aus unserer Perspektive, und wir sind schon seit geraumer Zeit nicht mehr inkarniert. Ihr müsst auch verstehen, dass ihr euch als Welt sehr schnell bewegt, und doch sind viele von euch wütend, weil es ihnen gerade nicht schnell genug geht. Wir haben das schon oft gesagt. Wenn dieser Wandel auf der Erde sich schneller vollzöge, könnte das ziemlich zerstörerische Folgen haben. Das alte System könnte komplett einstürzen, ehe das neue, das es ersetzen wird, bereit ist. Das Leben treibt alles an, was ihr auf eurem Planeten seht, und somit auch einige eher tödliche – oder um dein Wort zu benutzen, Dianna, denn es ist angemessen, »grauenvolle« – Aspekte des Systems. Das Leben treibt an, und der Übergang will geschehen.

Der Abschied vom Krieg und der Eintritt in das Einssein auf eurem Planeten während der nächsten fünfzig Jahre bedeutet einen enormen Entwicklungsschritt für die Menschheit. Aber täuscht euch nicht. Es wird ein großer Schock sein. Für eine Gruppe von Wesen, die über Jahrhunderte in diese Art des Seins hineingewachsen ist, stellt es eine dramatische Veränderung dar, wenn diese Seinsweise in weniger als einem Jahrhundert verschwindet. Es ist also gut, dass die dramatischen Veränderungen schrittweise und zu bestimmten Zeitpunkten stattfinden.

Uns ist bewusst, dass diese Antwort lang und ausführlich war und vielleicht bei einigen von euch weitere Fragen aufwirft, aber macht euch keine Gedanken über solche neuen Fragen. Bleibt stattdessen bei den Dingen, die wir gesagt haben, und lasst sie auf euch wirken. Sie werden euch zu eurem eigenen energetischen Verstehen führen, nicht nur in Bezug auf die Zeit, sondern auch in Bezug auf die Frage, warum sich das alles so abspielt, wie es sich abspielt, und warum es Zeit braucht.

DIANNA: Gut gesagt. Ich denke, wir können hier an der Stelle kurz durchatmen, dieses sehr große Bild hinter uns lassen und uns dem kleineren Bild zuwenden, das sich aus unserer Diskussion darüber ergibt, wie sich das Bewusstsein verändert.

Ich glaube fest daran, dass wir durch bewusste Wahrnehmung unsere Glaubenssysteme verbessern, die introjizierten Stimmen, die uns in eine Richtung lenken, die uns nicht dient, entmachten und mehr Bewusstheit in viele andere Bereiche unseres Lebens bringen können. Zu diesem Zweck wäre es hilfreich, ein klares Verständnis einiger Schlüsselbegriffe zu haben. Ich möchte damit beginnen, die Begriffe »Dimension«, »Reich« und »Ebene« zu verstehen, denn ihr verwendet sie sehr häufig, und das kann uns verwirren. Womöglich denke ich, ich weiß, was ein Wort bedeutet, aber ein anderer versteht darunter wahrscheinlich etwas anderes.

Könnt ihr uns zu dem Begriff »Dimensionen« bitte erklären, ob es davon nur zwölf gibt? Könnt ihr uns näher erläutern, was Dimensionen sind?

DIE Z: Ja, aber wir müssen euch auch daran erinnern, dass nicht wir diese Begriffe erschaffen haben, sondern ihr, auf der Erde. Wenn wir also diese Sprache gemeinsam mit euch verwenden, versuchen wir, euch dabei zu helfen, euer Sprachverständnis zu erweitern, so dass ihr aus dem herauskommen könnt, was wir im ersten Gespräch als eindimensionale Denkweise beschrieben haben, die euch in eurer Gesellschaft beigebracht wird. Schwarz oder weiß, richtig oder falsch. Wie wir schon oft gesagt haben, funktioniert das in der Multidimensionalität nicht. Es sind viele Dinge auf einmal möglich, genauso wie ihr gleichzeitig mit Menschen in vielen verschiedenen Zeitzonen auf dem Planeten kommunizieren könnt.

Aber wir werden euch eine andere Sichtweise auf die Begriffe »Reich«, »Ebene« und »Dimension« zeigen.

Unsere Definition ist nicht unbedingt die des Wörterbuchs, denn es gibt keinen Menschen und keine Einrichtung, die euch die eine »definitive« Definition geben kann. Die Definition wird sich weiterentwickeln, während ihr euch weiterentwickelt.

Und das sind Worte, die verstanden werden müssen, also werden wir unser Bestes tun, um euch eine nützliche Sichtweise zu vermitteln.

Nun, wie ihr erwähnt habt, existieren wir hauptsächlich in der neunten Dimension, aber wir reichen auch in die zwölfte Dimension hinein, und wir können euch überall zwischen der vierten und neunten Dimension treffen, was immer gerade nötig ist. Aber unsere dominante Frequenz ist die neunte Dimension. Warum wir das zur Sprache bringen? Wir möchten nicht, dass ihr euch Dimensionen als übereinander geschichtete horizontale Linien vorstellt, die als Stapel bis hinauf in den Himmel ragen.

Vielmehr möchten wir, dass ihr euch die Ebenen der Existenz als horizontale Linien vorstellt. Wenn wir also von unserem »Reich« sprechen, meinen wir im Grunde den Bereich, in dem wir außerhalb des Körpers sind, den Bereich, in dem wir mit der Astralebene verbunden sind, den Bereich, in dem wir Energiewesen sind, die einmal einen physischen Körper hatten, sich aber jetzt wieder im Reich der Energie befinden. Nun, das ist schwierig, denn im Moment sind wir mit einer körperlichen Gestalt verbunden – ha! Wir sprechen zu euch und kommen zu euch durch Lees Körper. Und das ist eine multidimensionale Aktivität Lees, durch die er eine Verbindung zwischen unserer Seite und eurer Seite, den Leserinnen und Lesern dieses Buches, ermöglicht. Wir alle erschaffen dies gemeinsam.

Wir möchten, dass ihr euch die Dimensionen als vertikale Linien vorstellt. Wenn die Existenzebenen, von denen wir sprechen, horizontal sind, seht ihr die Dinge von einer höheren Ebene aus, das heißt, ihr erhebt euch über euch selbst, nähert euch unserem Reich und verschafft euch so einen Überblick über das Ganze, aus der Vogelperspektive. Das hilft euch, die Dinge klarer zu sehen, als wenn ihr in der Welt seid und nur das seht, worauf ihr euch in diesem Moment konzentriert. Wenn ihr euch die Dimensionen als vertikal vorstellt, hilft euch das, sowohl die Multidimensionalität als auch die Konnektivität zu verstehen.

Wir bitten um Entschuldigung für die technische Formulierung, aber so können wir es am besten beschreiben:

Wir befinden uns in der neunten Dimension, doch wir befinden uns nicht über euch, sondern neben euch. Bleiben wir einen Moment bei diesem Bild. Wir sind an eurer Seite. Zu eurer rechten oder linken Schulter gibt es also die dritte Dimension, sogar die zweite Dimension. Und ebenso gibt es dort auch die siebte, achte und neunte Dimension. Ihr könnt jede dieser Dimensionen auf der Erde betreten und sie zu einem Teil eurer menschlichen, physischen Erfahrung machen. Deshalb wollen wir nicht, dass ihr andere Dimensionen als »höher« betrachtet.

Man könnte argumentieren, dass die Ebene, auf der wir existieren, über der menschlichen Realität, über der von euch erlebten Erdenschwere steht. Und ja, bis zu einem gewissen Grad trifft das auch zu.

Aber wenn wir in Lees Körper einen Ankerpunkt finden, um diese Botschaft zu übermitteln, und ihr sie hören und verstehen könnt und, was noch wichtiger ist, eine Reaktion darauf verspürt, heißt das, dass ihr die neunte Dimension in eurem Körper spürt.

Stellt euch also diese vertikal angeordneten Dimensionen als Teil eurer Realität vor, durch die ihr euch die ganze Zeit über bewegt. Und natürlich gibt es die Vertikale, die durch die Mitte eures Körpers, durch eure Wirbelsäule, euer zentrales Nervensystem, euer Energiefeld verläuft und sich bis in den Himmel erstreckt, so weit ihr hinausreichen wollt – zu den Sternen, zu den Planeten und darüber hinaus ins Multiversum. Genauso reicht euer Energiefeld auch hinunter in die Erde – wie weit, das bestimmt ihr selbst. Ihr lebt in einer Vertikalen, die so hoch oder so tief reichen kann, wie ihr es euch wünscht.

Die beste Art und Weise, wie wir eure Wahrnehmung der Dimensionen vertiefen können, ist diese: Betrachtet die neunte Dimension nicht als »höher«, nicht als oberhalb von euch befindlich, sondern macht euch klar, dass sie neben euch, Seite an Seite mit euch existiert. Und versteht auch, dass es nicht die Dimension ist, von der aus die Menschen unterwiesen wurden oder die Erlaubnis erhielten, zu sehen, wahrzunehmen und zu fühlen. Die Menschen wurden gebeten, sich nur zwischen der zweiten und dritten Dimension zu bewegen. Und trotzdem habt ihr euch im Laufe der letzten Jahrhunderte weiterentwickelt.

Es gab auf diesem Planeten schon immer höhere Wesen. Es hat immer diejenigen gegeben, die die höheren Reiche und Ebenen anzapfen können, aber auch das, was wir als die »seitlichen Dimensionen« bezeichnen.

Möglicherweise werden einige von euch unsere Sichtweise sehr verwirrend finden, denn ihr habt vielleicht schon etwas über Dimensionen der Realität erfahren, die oberhalb von euch existieren. Aber die Erde verändert sich, und damit verändert sich auch die Ausrichtung der Dimensionen in Bezug auf die Erde. Diese Dimensionen können jetzt hier auf der Erde sein, und viele von euch haben das schon erlebt, wenn ihr an einem der sogenannten Vortexpunkte in der Natur gewesen seid oder energetische Reiche auf der Erde betreten habt, die sich anfühlten, als wärt ihr plötzlich in eine andere Dimension übergewechselt. Es ist wichtig für euch zu begreifen, dass eine andere Dimension der Realität jederzeit neben euch und in euch existieren kann. Wenn ihr an Existenzebenen denkt, dann ist die Astralebene zwar etwas, mit dem ihr euch als Mensch verbinden könnt, doch werdet ihr diese Ebene nur selten verkörpern. Ein Teil des Daseins auf der Astralebene ist dadurch gekennzeichnet, außerhalb des Körpers zu sein. Das heißt allerdings nicht, dass man sich nicht aktiv mit ihr verbinden oder keine Augenblicke der Verbundenheit mit ihr erleben kann.

Zum jetzigen Zeitpunkt in der Geschichte werden die Menschen die Fähigkeit entwickeln, die Energie der neunten Dimension viel schneller zu verkörpern, als sie jemals die Energie der Astralebene verkörpern werden, obwohl es eine Möglichkeit gibt (ganz gewiss im 22. und 23. Jahrhundert), dass diejenigen, die es wünschen, in der Lage sein werden, gleichzeitig menschlich und astral zu sein. Aber ob das wünschenswert ist oder nicht, bleibt abzuwarten, denn in Zukunft wird die Frage, in welche Richtung sich die Menschheit in den kommenden Jahrhunderten entwickeln will, sehr stark vom universellen Geschehen beeinflusst sein.

DIANNA: Befinden sich die Reiche also innerhalb von Dimensionen? In einigen spirituellen Büchern, die ich gelesen habe, heißt es: »Um zur Einheit zurückzukehren, musst du durch zwölf Dimensionen gehen, und innerhalb jeder Dimension gibt es 144 Reiche.« Das wird dann ziemlich schnell verwirrend.

DIE Z: Nun, es ist verwirrend, denn es liegt alles im Auge des Betrachters. Wenn du zwischen fünf Schwimmlehrern wählen kannst, würdest du dich wahrscheinlich für denjenigen von ihnen entscheiden, der dir die Mischung bietet, die dir am meisten zusagt: die für dich passende Art und Weise, dir das Schwimmen zu vermitteln. Wenn ein spirituelles Buch dich also verwirrt, hämmere nicht verzweifelt mit dem Kopf gegen die Wand. Wir sprechen hier nicht nur zu dir, Dianna, denn wir erkennen, dass deine Frage sehr berechtigt ist. Wenn du nicht in der Lage bist zu verstehen, was der spirituelle Lehrer oder das spirituelle Buch dir vermitteln möchte, dann ist es eigentlich wertlos für dich.

Es gibt viele verschiedene Arten, Reiche zu beschreiben, aber wir werden es euch so erklären: Eure Häuser sind Reiche. Denkt an euer Haus, euer Zuhause, den Raum, in dem ihr lebt, die Wohnung oder wo auch immer ihr euch aufhaltet – das ist euer Reich. Und ihr wisst, dass es euer Reich ist, weil die Leute, wenn sie dieses Reich betreten, ein Gefühl dafür bekommen, wer ihr seid, vielleicht wegen der Art, wie ihr es dekoriert habt, wegen der Dinge, die ihr mitgebracht habt, und auch, weil eure Präsenz dort spürbar ist. Der Raum, in dem ihr lebt, ist von eurem Energiefeld geprägt, und so wird er zu eurem persönlichen Reich. Es gibt überall Bereiche der Existenz. Wenn du zum Beispiel in deinen Garten oder einen Park gehst, findest du dort verschiedene Reiche vor, verschiedene Welten innerhalb von Welten. Dimensionen und Reiche sind in dieser Hinsicht recht unterschiedlich. »Dimension« bezieht sich in der Regel auf eine bestimmte Frequenz, in der unterschiedliche Energien vorhanden sind.

In der neunten Dimension zum Beispiel ist das Einssein eine ganz normale Form der Energie. In der dritten Dimension ist sie es nicht. Offensichtlich erlebt ihr gerade eine Übergangsphase, in der mehr und mehr Menschen der dritten Dimension in die vierte und fünfte Dimension wechseln, wo sie stärker in Richtung Einssein gehen. Sie werden mitfühlender, liebevoller und erkennen, wie magnetisch sie in diesen Dimensionen werden, weil sie wieder offen für das Geistige sind.

Sie erkennen, dass es einfach ist, einen Gedanken, einen Wunsch oder ein Gefühl physische Form annehmen zu lassen, wenn man geistig geöffnet ist. Aber wenn man die neunte Dimension erreicht, neigt man dazu, ein wenig jenseits der Form zu sein. Man ist über diese Ebenen hinausgewachsen. Reiche sind, wenn ihr so wollt, Räume oder Blasen, die überall existieren können. Und Reiche haben ihre eigenen Gefühle, ihre eigenen Wesenheiten. In gewisser Weise könnt ihr uns als ein Reich betrachten.

Diese Gruppe von achtundachtzig, die wir sind, ist eine bestimmte Art von Reich. Eine bestimmte Familiengruppe ist ein Reich. Reiche existieren in kleineren Kompartimenten oder Bereichen, Clustern von Energiefeldern, die innerhalb der dimensionalen Realität oder auf den Seelenebenen existieren können.

Aber Reiche, wie wir sie euch gerade beschrieben haben, werden viel weniger begrenzt oder fest und viel amorpher und durchlässiger, wenn ihr die Dimensionen und Ebenen erreicht, in denen wir existieren.

Um es noch einmal zusammenzufassen: Wir bitten euch, die neunte Dimension als vertikal zu sehen, und wir sagen euch, dass wir auch über die Astralebenen zu euch kommen. Erkennt, dass es einen Punkt gibt, an dem sich diese beiden überschneiden. Stellt euch eine horizontale und eine vertikale Linie vor, und an diesem Schnittpunkt findet ihr uns. Und dann strömen wir durch die Dimensionen, bis wir Lees Körper und Lees Kommunikationssystem erreichen und euch durch ihn diese Worte übermitteln können. Denn selbst ihr, die ihr dies im Jahr 2028 oder 2035 lest, viele Jahre nachdem dieses Gespräch stattgefunden hat – ja, ihr, genau jetzt, in der Zukunft –, ihr beeinflusst, was in diesem Gespräch gesagt wird. So funktioniert Multidimensionalität.

DIANNA: Kann man also sagen, dass ein Reich ein Wissensbereich innerhalb einer Dimension sein könnte, zu dem wir Zugang haben, wenn wir das wollen?

DIE Z: Ein Reich kann vieles sein, auch eine Sphäre des Wissens. Es kann eine energetische Sphäre sein. Es kann eine Sphäre aus emotionaler Energie sein. Es gibt bestimmte Räume, die ihr in einem Haus oder einem Gebäude oder an einem Ort in der Natur betretet, wo es einen Energiebereich gibt, der aus zurückgelassenen Trümmern besteht. Viele von euch reinigen das Land oder die Räume von Trauer oder einem Trauma, das zurückgelassen wurde. Solange das aber nicht erfolgt ist, schwebt diese Art von zurückbleibender Energie in einer Blase und bildet ein Reich. Genauso wie wir uns zu einem Konglomerat von achtundachtzig zusammenfinden, um diese Art von Gespräch zu führen, kann emotionale Energie oder sogar mentale Energie oder Konfliktenergie aus sich selbst heraus eine Art Blasenreich bilden. Deshalb können bestimmte Zonen, wenn man deren spirituelle Geschichte betrachtet, als sehr schwierig oder sehr dunkel bezeichnet werden. Ihr könnt in einen Bereich der Dunkelheit gehen, der vielleicht an einem Ort oder in einem Land seit Jahrhunderten existiert und nun ein Energiecluster ist, der noch darauf wartet, aufgelöst, zerstreut oder befreit zu werden.

DIANNA: Und ich denke, ihr seid nun wieder bei dem, was ihr vorhin gesagt habt, nämlich dass unser bewusstes Bewusstsein, unser Verständnis des Einsseins es uns erlaubt, bei der Befreiung und Reinigung einiger dieser dunkleren Sphären zu helfen.

DIE Z: Ja. Lasst uns dafür ein konkretes menschliches Beispiel geben. Auch wenn das, was wir hier als Beispiel schildern, nicht jeder von euch erlebt hat, so ist es doch etwas, das ihr versteht und wiedererkennt. Stellt euch vor, ihr befindet euch in einer sehr toxischen, dysfunktionalen oder irgendwie dunklen Beziehung.

Nehmen wir an, es handelt sich um eine Liebesbeziehung und ihr seid mit jemandem zusammen, der euch regelmäßig erniedrigt, vor anderen beschämt und euch dazu bringt, schlecht über euch selbst zu denken.

Es ist eine Art von Beziehung, in der der andere seine Verletzungen ausagiert und eher darauf aus ist, euch herabzusetzen, statt euch zu unterstützen. Es ist ein Machtspiel, das aus einer tief sitzenden Unsicherheit und starken Minderwertigkeitsgefühlen des anderen entspringt. Aber vielleicht tragt ihr auch durch eure eigene Persönlichkeit und euer Verhalten zu dieser toxischen Situation bei. Vielleicht spiegelt sich in der Beziehung das wider, was ihr selbst schon in früheren Beziehungen erlebt habt. Ihr versucht, euch von der giftigen Energie zu befreien, die ihr in euch aufgenommen habt, indem ihr zu dieser Energie werdet und sie einem anderen vorspielt, weil ihr nicht wisst, wie ihr diese Energie in euch selbst heilen könnt.

Stellt euch vor, ihr lebt in einer solchen Beziehung, und zwar schon seit drei oder vier Jahren, und mit der Zeit werdet ihr immer kränker. Und ihr verliert einige eurer bisherigen Freunde, weil dieser toxische Partner sie ablehnt und sie nicht in eurem Leben dulden will und ihr euch von ihm oder ihr beeinflussen lasst. Und in einem bestimmten Augenblick wacht ihr plötzlich auf. Vielleicht, weil euch etwas klar wird oder ein Freund etwas zu euch sagt, oder ihr lest ein Buch oder schaut euch einen Film an und erkennt, was sich da gerade wirklich in eurem Leben abspielt. Plötzlich wird euch klar, dass diese Beziehung euch eure Lebenskraft raubt und wie sehr eure Seele eingesperrt, missachtet und entwürdigt wurde.

Dieser Moment der Erkenntnis ist der erste Schritt aus dieser toxischen Beziehung heraus. Aber für einige von euch kann es ein, zwei oder drei Jahre dauern, bis ihr spirituell und mental stark genug seid und genügend energetische Unterstützung in der Welt um euch herum erfahrt, um die Beziehung tatsächlich zu beenden. Ihr verlasst also diese Beziehung und geht dann durch einen Prozess der Heilung, wobei die nächste Beziehung, die ihr eingeht, vielleicht nicht die beste Beziehung ist, aber sicherlich eine Verbesserung. Normalerweise entwickelt ihr zuerst das Bewusstsein, dass ihr etwas Besseres tun und erleben könnt, bevor ihr es tatsächlich verwirklicht.

Es gibt Fälle, in denen jemand eine Person in seinem Leben segnet, weil »sie mir zeigte, was mir fehlte, und ohne diese Erfahrung hätte ich das nicht erkannt«. Doch normalerweise wart ihr auf irgendeiner Ebene energetisch bereit. Im ersten Gespräch haben wir darauf hingewiesen, dass, wenn Menschen immer wieder destruktive Handlungen ausführen, dies ein Versuch sein kann, sich von solchen Verhaltensweisen zu befreien.

Daher werden sie oft diese sehr schwierigen Beziehungen manifestieren, um sich selbst zu prüfen und zu sehen, wie sehr sie sich der Liebe verschließen können.

Aber wenn ihnen bewusst wird, dass sie die Beziehung, die ihr Leben aushöhlt, selbst manifestiert haben, werden sie aufhören, den Wünschen, Bedürfnissen und Vorstellungen des anderen Priorität einzuräumen.

Sie werden sich plötzlich wieder an ihre eigene Seele, ihre eigene Lebenskraft erinnern. Und dieses Bewusstsein wird sie dann zum Handeln veranlassen.

Das ist ein sehr konkretes Beispiel dafür, warum es Zeit braucht, die Konditionierung, in der man sich befunden hat, rückgängig zu machen, sobald man sich ihrer bewusst geworden ist. Und es ist der Grund, warum viele spirituell bewusste oder erwachte Menschen mitunter etwas frustriert sind. Sie haben ihren Moment der Erleuchtung, oder sie erleben ein paar Monate, in denen alles außergewöhnlich ist. Doch dann mögen sie es überhaupt nicht, wenn von da an in ihrem Leben alles, wie einige von euch sagen würden, »drunter und drüber geht«, weil nämlich ihr bisheriges Leben nicht mehr mit der neuen Schwingungsrealität übereinstimmt, die sie für sich erschaffen haben.

Das ist oft ein sehr chaotischer Prozess. Nicht viele Menschen bewältigen diesen Prozess mit Anmut. Die meisten fühlen sich dabei innerlich zerrissen, weil ihre Seele regelrecht »freigesprengt« wird. Doch irgendwann beruhigt sich die Lage auch wieder. Und wenn ihr dann ein neues energetisches Muskelgedächtnis entwickelt, um das Einssein bewusster wahrzunehmen, beginnt ihr, euer Leben anders zu gestalten.

All das soll heißen: Ja, Bewusstheit hilft euch, die Dinge anders zu gestalten. Wir haben das viele Jahre mit dem folgenden Satz beschrieben:

Bewusstheit ist der Wegbereiter für Veränderungen.

Deshalb sagt Lee (und er hat es selbst auf die harte Tour gelernt) den Leuten immer: »Wenn du dich dabei ertappst, wie du über dich selbst urteilst, und wenn du merkst, dass du es tust, dann neigt der Mensch dazu, sich einen noch größeren Tritt zu versetzen dafür, dass er überhaupt über sich urteilt.« Und Lee sagt immer: »Nein, feiere stattdessen diesen Moment.« Weil du dich dabei ertappt hast, gemein zu dir selbst zu sein. Und diese Erkenntnis ist der erste Lichtschimmer, der dich dazu bringen wird, in Zukunft nicht mehr so gemein zu dir selbst zu sein.

Und vielleicht habt ihr dieses gemeine Verhalten euch selbst gegenüber von anderen Menschen geerbt, oder andere Menschen waren so gemein zu euch, dass ihr beschlossen habt, auch selbst gemein zu euch zu sein. Auf diese Weise werden diese ansteckenden »Krankheiten« unter den Menschen weitergegeben. Bewusstheit ist der Wegbereiter für Veränderungen. Wenn ihr also denkt, dass wir hier einen Haufen Kauderwelsch reden, ihr aber trotzdem hier sitzt und es lest und etwas in euch für das, was wir sagen, offen ist, dann spielt es keine Rolle, ob ihr jemals wieder etwas von uns lest oder nicht.

Was zählt, ist, dass sich etwas in euch zu öffnen beginnt, und ihr müsst es nicht unbedingt verstehen. Doch wenn ihr die Bewusstheit habt, dass sich etwas in euch zu öffnen beginnt, können wir euch versichern, dass in den kommenden Wochen, Monaten und Jahren positive Veränderungen in eurem Leben stattfinden werden. Und das ist eine gute Sache. Denn multidimensionales Bewusstsein ist ein positiver erster Schritt.

Und im kommenden Jahrzehnt werden immer mehr von euch sich ein multidimensionales Leben erschaffen. Davon werdet nicht nur ihr selbst profitieren, sondern auch alle, die in euren Orbit kommen. Sie werden daran erinnert, was Multidimensionalität ist, wenn sie mit ihr in Berührung kommen. Und das wird sie in die Lage versetzen, selbst mehr davon zu erschaffen, wenn dafür auch bei ihnen der richtige Zeitpunkt kommt.

Der entscheidende nächste Schritt besteht darin, dass ihr euch für euch selbst ein multidimensionales Leben erschafft (was zugleich ein Beispiel für andere sein und auch in deren Leben viel Gutes bewirken kann). Das ist eine positive Entwicklung, und die meisten von euch machen gegenwärtig große Fortschritte in diese Richtung.

DIANNA: Ihr habt hier deutlich angesprochen, welche Kraft von Vorbildern ausgeht. Und wir werden in künftigen Gesprächen darüber, welche Schritte wir unternehmen sollten, und auf welche Art und Weise wir sie unternehmen, noch ausführlicher auf das Thema Vorbilder eingehen. Aber jetzt möchte ich zunächst noch einmal auf das Thema der Dimensionen zurückkommen, denn ich weiß, dass viele Menschen dazu eine Frage haben, ausgelöst durch das, was ihnen diesbezüglich beigebracht wurde oder was sie gehört haben. Es gibt die Vorstellung, dass geradzahlige Dimensionen eine vorübergehende Phase sind, während ungeradzahlige Dimensionen tatsächlich die sind, in denen wir in irgendeiner Form existieren. Bevor wir das Gespräch über Dimensionalität für heute beenden: Ist an dieser Unterscheidung etwas Wahres dran, oder ist sie nur ein Missverständnis?

DIE Z: Dazu möchten wir sagen, dass es zu deiner Frage nicht die eine Wahrheit oder Unwahrheit gibt. Es gibt einige, die Dimensionen auf diese Weise verstehen oder wahrnehmen. Für diese Menschen ist dies also wahr. Für uns ist es ein wenig anders, oder besser gesagt, es würde uns oder diesem Gespräch nicht guttun, in diese Richtung zu gehen, und wir werden euch erklären, warum. Weniger als zwanzig Prozent der Leser dieses Buches werden in diesem Bereich einen Nutzen sehen oder finden, der ihr Wachstum fördert.

Um es noch weiter zu vereinfachen, möchten wir es so ausdrücken: Wenn ihr lacht, befindet ihr euch in einer Dimension der Realität. Wenn ihr tieftraurig seid, befindet ihr euch in einer anderen Dimension der Realität. Doch diese Dimensionen existieren in jedem von euch, an jedem einzelnen Tag. Manchmal aktiviert ihr sie und manchmal nicht. Und manche von euch wechseln an einem einzigen Tag von freudig zu traurig, aufgrund verschiedener Ereignisse oder der Zeit, in der ihr lebt. Ihr alle seid eine Welt der Dimensionalität.

Wenn wir zu euch über Dimensionen sprechen, die über das hinausgehen, was ihr jetzt erlebt, dann sprechen wir in Wirklichkeit von Wachstumspotenzialen. Stellt euch zum Beispiel einen begeisterten Läufer vor, der vierzehn Jahre alt und frustriert ist, weil er (seiner Meinung nach) noch nicht so gut laufen kann. Er möchte so laufen wie die Sechsundzwanzigjährigen. Selbst wenn man ihm erklärt, dass er zu den besten Läufern in seinem Jahrgang gehört, will er unbedingt das Niveau der sechsundzwanzigjährigen Läufer erreichen. Dieser Sechsundzwanzigjährige lebt aber in einer ganz anderen Dimension als der Vierzehnjährige. Es gibt Dinge aus seiner Zeit als Vierzehnjähriger, an die der inzwischen Sechsundzwanzigjährige sich nicht mehr erinnert. Und der Vierzehnjährige hat mythische Vorstellungen davon, was es heißt, sechsundzwanzig zu sein, die in der Realität gar nicht existieren.

Dimensionen sind etwas, durch das ihr euch die ganze Zeit über auf sehr subtile Weise bewegt. Der Grund, warum ihr oft von anderen Dimensionen der Existenz fasziniert seid, liegt nicht an den Dimensionen selbst, sondern daran, dass ihr euch selbst beweisen wollt, dass andere Dimensionen existieren. Und wenn ihr euch während dieses Gesprächs ein wenig seltsam oder ein wenig anders fühlt, als wenn ihr zum Beispiel zwei Menschen zuhört, die sich über andere Dinge unterhalten, dann zapft ihr in diesem Gespräch die anderen Dimensionen der Existenz an.

Und für einige von euch – selbst für diejenigen, die mathematisch veranlagt sind, für die Mathematik oder Wissenschaft sehr wichtig sind – ist es nicht hilfreich, sich allein auf die Wissenschaft oder die Mathematik zu konzentrieren. Warum? Weil euer Verständnis von

Wissenschaft und Mathematik wahrscheinlich von einer dreidimensionalen Perspektive und einem dementsprechenden Lernprozess ausgeht. Alles kann numerisch aufgeschlüsselt werden, wenn ihr euch in andere Dimensionen der Existenz begebt. Aber würde es euch helfen, das jetzt zu verstehen? Würdet ihr es erfahren können? Nein. Wenn wir euch die mathematische Formel für die Liebe geben würden, würdet ihr auf das schauen, was wir euch auf ein Stück Papier geschrieben haben, und es wäre nur eine abstrakte Formel. Aber wenn wir euch die Möglichkeit geben, Liebe zu erfahren, sie in eurem Körper zu spüren, als Reaktion auf ein anderes Wesen, eine Person, eine Aktivität, ein Ding – das wäre euer Beweis.

Aus diesem Grund ist es aus unserer Sicht nicht notwendig und würde unserem Gespräch auch nicht dienlich sein, diese verschiedenen Dimensionen, auf die du dich beziehst, ausführlich zu erläutern.

DIANNA: Vielen Dank für eure Antwort. Ich weiß, dass viele Menschen diese Frage haben, und das war sehr hilfreich. Zum Abschluss möchte ich heute auf etwas eingehen, über das wir schon in anderen Gesprächen geredet haben, nämlich den Humor und die Macht des Humors. Wie ich euch schon einmal sagte, möchte ich unseren Leserinnen und Lesern gerne zeigen, dass die Z einen großartigen Sinn für Humor haben. Ich werde euch hier antworten lassen, weil ihr damals sehr gerne auf dieses Thema eingegangen seid. Ich erlebe euch nämlich als witzig, liebenswürdig und aufgeschlossen. Könntet ihr hier wiederholen, was ihr über Humor gesagt habt?

DIE Z: Ja. Wir haben gesagt, dass wir nicht wirklich humorvoll sind. Wir haben gelernt, humorvoll zu sein. Und was wir damit meinen, ist, dass wir den Humor auf der Erde schätzen, weil er die Menschen mit ihrem Herzen und dem Lachen verbindet. Lachen ist eine außergewöhnliche Befreiung. Ihr seid alle ein wenig besessen vom Weinen, und daran ist nichts auszusetzen, denn auch das ist eine wunderbare Befreiung, aber ihr vergesst das Lachen.

Und bei vielen von euch hat Lachen eine fünfmal stärkere Wirkung als Weinen.

Und auch hier müssen wir vorsichtig sein, wenn wir solche Aussagen treffen, denn die Menschen könnten das sehr eindimensional verstehen und sagen, wir hätten behauptet, Lachen wäre besser als Weinen. Nein. Der Grund, warum wir euch in diese Richtung weisen, ist, dass die Kraft des Lachens auf der Erde noch nicht in dem Maße verstanden wurde, wie die Menschen heute die Kraft des Weinens anerkennen. Die Menschen erkennen die Kraft des Weinens als Befreiung an, und sie sehen es als emotionale Katharsis, als Heilung.

Lachen ist unglaublich kraftvoll, und es bringt uns in höhere Dimensionen. Es bringt uns in die Glückseligkeit. Glückseligkeit existiert im Reich des Einsseins.

Wir haben gelernt, wie man euch allen mit Humor begegnen kann. Vieles davon haben wir von Lee übernommen, der zu einem bestimmten Zeitpunkt in seinem Leben erkannte, dass Humor eine sehr wichtige Alchemie erzeugt. Und das ist etwas, das er nicht nur in seinem Privatleben, sondern auch in seinen Beziehungen und bei seiner Arbeit einsetzt. Humor kann die Stimmung aufhellen, Luft zum Atmen geben, die Schultern entspannen und Menschen helfen, sich zu öffnen. Er ist eine wunderbare Zutat in einem köstlichen Rezept für ein Leben, das von Herzen kommt. Und Humor ist sehr kraftvoll und sehr notwendig.

Es ist nicht so, dass wir nicht über das verfügen, was man als Humor bezeichnen würde, aber für uns ist Humor weniger Humor als vielmehr »Rhythmus«. Würden wir Schlagzeug spielen, dann würden wir jedes Mal, wenn wir einen Trommelwirbel machen, etwas Humorvolles einbringen. Wir achten also auf den Rhythmus, der erforderlich ist, und in einem bestimmten Moment ist es hilfreich, euch einen Trommelwirbel zu schenken, auch bekannt als Humor. Und dieser Trommelwirbel hat eine Wirkung auf euren Körper. Er bringt etwas in euch in Bewegung und ermöglicht es euch, euch auf die nächste Strophe oder das nächste Instrumentalstück oder den nächsten Text einzulassen und dafür offen zu sein. Der Humor ist also etwas, worauf wir uns dank Lee, aber auch dank euch allen geeicht haben. Denn unsere Aufgabe ist es, euch (so gut wir können) Möglichkeiten aufzuzeigen, wie ihr euer Herz und euer Bewusstsein öffnen könnt.

Du, Dianna, bist im Energiefeld dieses Gesprächs. Du spürst daher alle Leser, und vielleicht hast auch du bemerkt, wie ernst Spiritualität auf der Erde oft genommen wird. Wir verstehen, warum das so ist. Wir verstehen, dass viele Menschen den Kontakt zur Spiritualität verloren haben oder dass sie ihnen fehlt. Das hat auf dem Planeten großen Schmerz, großes Leiden verursacht. Die Menschen kommen also sehr durstig zur Spiritualität, sehr hungrig, verzweifelt, um sie zu verstehen oder sie »richtig« anzuwenden. Und so nutzen wir gerne den Humor, um die Leser gelegentlich davon abzuhalten, allzu ernst, starr oder verkrampft zu sein. Wir möchten sie daran erinnern, dass euer Herz nicht die ganze Zeit über ernst, starr und verkrampft sein will – denn das bringt euch einfach nicht weiter.

Wenn ihr euch oft verkrampft fühlt und verhaltet, befindet ihr euch in der Vergangenheit. Ihr beschäftigt euch mit einer vergangenen Wunde, einem vergangenen Erlebnis in eurem Körper, einer vergangenen Verkrampfung, und ihr versucht, zum Licht eurer Seele zurückzukehren, über das wir im ersten Gespräch gesprochen haben – dem Seelenfunken der Kindheit, mit dem ihr alle hierher kommt. Und wer liebt es zu lachen? Die Kinder! Ha! Sie lieben es zu lachen. Sie tun es einfach. Babys lachen gern, sie erleben gern Freude. Und natürlich gibt es Babys und Kinder, die in dunklere Umstände hineingeboren werden, vernachlässigt werden und die Fähigkeit zu lachen verlieren, weil sie sich nicht sicher genug fühlen, um oft zu lachen.

Aber euer Lachen ist mächtig. Stellt euch vor, dass Lachen euch das Herz erwärmt, und zwar auf die beste Art und Weise.

Und erkennt, dass Humor eine wunderbare Form ist, Stress abzubauen. Aber er verbindet euch auch mit Glückseligkeit, Einssein und Herzensenergie. Das ist der Grund, warum wir Humor in diese Gespräche einbringen. Es ist nicht etwas, was wir bewusst tun, vielleicht mit dem Wissen und Können eines Comedians. Eure professionellen Komiker und Clowns haben ein wunderbares Gespür für Rhythmus und Timing, aber die wirklich guten unter ihnen haben auch stets ein liebevolles, mitfühlendes Wesen. Sie verstehen es, das Publikum so zu dirigieren, wie sie ein Orchester dirigieren würden, und das, was sie sagen, immer wieder mit einer Prise Humor zu würzen.

Für uns ist der Humor wie ein Trommelwirbel, der euch zum Lachen bringt.

DIANNA: Besteht da ein Zusammenhang mit dem Wort »Ha«, das ihr immer wieder aussprecht?

DIE Z: Mit »Ha« hat es eine etwas andere Bewandtnis. »Ha« ist bei uns eigentlich kein ganzes Wort, sondern Teil eines Wortes. Und aktuell ist es für uns noch nicht der richtige Zeitpunkt, das Wort zu erweitern. Aber »Ha« ist für uns »leichte Sprache«. Es ist der erste Teil eines Wortes, das vom Sirius stammt, es ist Bestandteil der sirianischen Sprache. Es ist nützlich, weil es euch mit eurem Herzen verbindet, wenn ihr es uns sagen hört oder es selbst sagt. Es mag seltsam erscheinen, denn ihr würdet nicht unbedingt denken, dass euer Herz einen so schroffen Klang hat. So wie der menschliche Verstand konditioniert wurde, neigt man dazu, das Herz mit Dingen wie Kätzchen und Häschen und kleinen Kindern und Lachen und all den weichen Dingen zu assoziieren. Aber in Wirklichkeit ist das Herz eine mächtige Kraft. Es ist mächtig.

Ein großer Teil eurer Kraft befindet sich in eurem Herzchakra, dem Zentrum in eurer Brust. Wenn ihr uns also »Ha« sagen hören oder wenn ihr selbst »Ha« aussprecht, stellt euch vor, dass ihr es aus dem Zentrum eurer Brust tut – aus eurem Herzchakra. Dann werdet ihr eine Veränderung bemerken. Die Sache ist die, dass ihr wahrscheinlich vergessen werdet, es zu tun – ha! Denn, wie wir im vorherigen Gespräch sagten, wurde es vielen von euch regelrecht antrainiert, den Kontakt mit dem Geistigen, dem Spirituellen zu meiden.

Es gibt Übungen, die jede und jeder von euch an allen Tagen machen kann, und das muss überhaupt nicht stundenlang dauern. Wir wissen, dass viele von euch unter Zeitdruck stehen, weil ihr alle so erschöpft seid von eurer menschlichen Konditionierung und der Aufrechterhaltung des Systems, in dem ihr alle lebt. Das erlaubt es euch nicht, euch auszuruhen oder viel Neues zu integrieren. Das System sorgt dafür, dass ihr ständig beschäftigt, beschäftigt, beschäftigt seid, und das ist genau so gewollt. Denn wenn ihr beschäftigt genug seid, werdet ihr bestimmte Dinge nicht bemerken. Deshalb betonen wir, dass diese täglichen Übungen, die wir euch empfehlen, wirklich kurz sein können.

Wenn ihr dreimal täglich fünf Minuten darauf verwendet, bewusst Verbindung zu euch selbst aufzunehmen, und das drei bis vier Wochen lang, würdet ihr euch deutlich anders fühlen.

Ihr würdet staunen, denn euer Körper würde sich daran gewöhnen, dass ihr euch dreimal täglich fünf Minuten Zeit nehmt, um mit euch selbst und eurer Seele in Verbindung zu treten. Vielleicht könnt ihr während der ersten fünf Minuten Musik abspielen, die ihr gern mögt, ganz bewusst. Lauscht diesem Musikstück aufmerksam, mit der Absicht, euch gut zu fühlen. In den zweiten fünf Minuten könnt ihr meditieren – und zwar die von euch bevorzugte Form der Meditation. Oder schließt einfach die Augen und nehmt wahr, was euch durch den Kopf geht, ohne zu sehr zu reagieren oder darüber nachzudenken – nehmt einfach fünf Minuten lang eure Gedanken wahr, spürt, wie euer innerer Zustand ist. Und während der dritten fünf Minuten, die ihr euch gönnt, könnt ihr euch zum Beispiel mit Eurem Lieblingskristall auf den Boden legen.

Legt euch den Kristall auf die Brustmitte, über euer Herzchakra oder auf einen anderen Teil eures Körpers, auf dem sich das angenehm anfühlt. Gönnt euch diese drei einfachen, nur fünf Minuten dauernden Bewusstheits-Übungen drei bis vier Wochen lang täglich, und ihr werdet staunen, welche Veränderungen sich einstellen.

DIANNA: Ich finde, das ist ein sehr schöner Vorschlag und ein prima Schlusspunkt für dieses Gespräch. Dafür möchte ich mich ganz herzlich bedanken, Z.

DIE Z: Sehr gut. Wir danken euch. Es ist uns ein Vergnügen, bei euch und euren Leserinnen und Lesern zu sein. Im Geiste des Einsseins, ha!

Und Frieden und Liebe für euch alle.

Drittes Gespräch

Themen

- Ein kollektives Gespräch, das als Tor dient.
- Ein Bild von Seele und Geist malen.
- Unsere wahre Kraft ist unsere Seele.
- Was Träume uns zu sagen versuchen.
- Was Träume bedeuten, in denen Feuer, Wasser oder das Fliegen eine Rolle spielen.
- Neue Vorschläge für ein Traumtagebuch.
- Wasser als Symbol für die Tiefe der Seele, der Reset unseres elektrischen Energiefeldes und eine Gelegenheit zur Wiedergeburt.
- Träume als Mittel zur Verarbeitung früherer Leben.
- Trauer als Geburtsort für Neues.
- Die Seelenmembran.
- Durch die Linse der Multidimensionalität fühlen und sehen.

DIANNA: Willkommen zurück zu *Gespräche mit den Z*. Dies ist Gespräch Nummer drei. Hallo, Z!

DIE Z: Ha! Es ist schön, dich wieder zu treffen und unser kollektives Gespräch fortzusetzen.

DIANNA: Möchtet ihr, dass ich beginne?

DIE Z: Einverstanden.

DIANNA: In unseren früheren Gesprächen sagtet ihr, dass die Sprache des Universums die Mathematik ist und dass »alles numerisch aufgeschlüsselt werden kann, wenn wir uns in andere Dimensionen der Existenz begeben«. Ihr sagtet auch, dass es uns nicht helfen würde, die Mathematik für diese Diskussionen zu benutzen, weil die Mathematik, die wir benutzen, eine dreidimensionale Mathematik ist, mit der man höhere Dimensionen nicht erklären kann. Und zuvor sagtet ihr, dass Verstehen überbewertet wird und dass wir uns stattdessen darauf konzentrieren sollten, eine Brücke zu bauen, um das Tor zu öffnen.

Statt also die mathematische Gleichung für Liebe aufzuschreiben oder dafür, was eine andere Dimension ist, schlage ich vor, dass wir ein Bild malen und einige Geschichten erzählen, die ein »Gefühl« für die Energetik unseres multidimensionalen Selbst vermitteln.

Ein Grund, warum ich glaube, dass dieser Ansatz nützlicher sein wird, ist der, dass ich weiß, wir können uns an Dinge etwa 60 Prozent besser erinnern, wenn sie mit einem Bild verbunden sind. Lasst uns also einige Bilder malen, während wir diese Themen vertiefen. Stellen wir uns vor, dass in der Mitte dieses Raumes, während ihr sprecht, eine große leere Leinwand steht. Und überall im Raum schweben Tuben mit phänomenal schönen Farben. Ihr sagt, dass wir vom Geist sind, aber dass wir vor allem Seele sind. Wenn der Geist eine Farbe hat und die Seele eine andere, welche dieser Farben tragen wir dann zuerst auf unsere leere Leinwand auf?

Ist eine davon die Hintergrundfarbe, auf die wir den Rest des Bildes malen werden? Könntet ihr uns das mit euren Worten erklären?

DIE Z: Wenn ihr eines jener Gemälde betrachtet, das einige von euch als »Stillleben« oder realistisches Kunstwerk bezeichnen würden, vielleicht das Bild eines Hauses auf dem Land, kann man sagen (und das ist nur ein Beispiel, das nicht unbedingt zu 100 Prozent zutreffen muss), dass die Landschaft auf dem Gemälde der Geist ist und das Haus die Seele. Ihr seht also, was wir meinen, wenn wir sagen, dass das verstandesmäßige Begreifen seine Grenzen hat und überbewertet werden kann.

Der menschliche Verstand wurde darauf trainiert, die Multidimensionalität zu vergessen, aber die Seele vergisst die Multidimensionalität nie.

Die Seele ist nämlich der sinnliche Teil des Menschen, der in der Lage ist, sich die Welt zu erfühlen und die Verbindungen zu spüren, die zwischen euch und allem anderen, was existiert, bestehen.

Den gegenwärtigen Zustand eurer Welt am Ende des Jahres 2021, während dieses Gespräch aufgenommen wird, würden wir als »halb beseelt« bezeichnen. Der Grund, warum wir es so beschreiben, ist, dass ein Großteil eures menschlichen Systems von einem hierarchischen und begrenzten Verständnis ausgeht. Dieses gesellschaftliche System beruht nicht unbedingt auf einem wirklich kollektiven Energiefeld.

Noch sind es nur einzelne Individuen, die dieses Feld des Einsseins aufrechterhalten und pflegen. Das bedeutet, dass es überall auf eurem Planeten Individuen gibt (einschließlich, sagen wir, 90 Prozent derjenigen, die dieses Gespräch lesen), die sich bewusst auf die Seele einstimmen und dem

Planeten die Energie ihrer Seele aufprägen. Damit verändert ihr das Bild, von dem du sprichst.

Wenn wir zu diesem Bild des Hauses auf dem Land zurückkehren, können wir es folgendermaßen beschreiben: Die Landschaft auf dem Gemälde ist vielleicht das Schönste, denn die Natur ist lebendig. Die Natur ist sowohl Seele als auch Geist, obwohl die Seele der Natur anders ist als die Seele des Menschen. Sie ist kollektiver und weniger festgelegt. Die Seele in der Menschheit wurde, sagen wir, zerquetscht oder unterdrückt, und man hat euch allen beigebracht, euch auf eine Weise voneinander abzugrenzen, die nicht nur ungesund ist, sondern euch auch eine Menge Arbeit beschert.

Diejenigen von euch, die davon sprechen, dass sie sich in einem Heilungsmodus befinden oder aktiv Heilende oder Heiler sind, heilen in Wirklichkeit die Wunde der Menschheit. Ihr heilt die Wunde der Menschheit, um zu eurer Seele zurückzukehren.

Wir würden also sagen, dass das Haus auf dem Land der uninteressanteste Teil des Bildes ist, denn es steht für eure gegenwärtige Welt. Stellt euch vor, es ist ein eher unansehnliches Backsteinhaus. Es erfüllt einigermaßen seinen

Zweck, den Menschen ein Dach über dem Kopf zu bieten, aber Begeisterung löst es wirklich nicht aus.

Wenn ihr dieses Gemälde betrachtet, seht ihr auch die wunderschöne Natur um das Haus herum, doch das Haus selbst fühlt sich bei weitem nicht so lebendig oder so körperlich präsent an wie die Natur.

Stellt euch nun vor, dass ihr (und übrigens seid ihr der Maler dieses Gemäldes) euch nach einer Woche dieses Gemälde wieder vornehmt und nun plötzlich das Haus zum Leben erweckt. Vielleicht gestaltet ihr sogar die Architektur neu. Ihr setzt mehr Fenster ein. Ihr streicht das Haus in anderen Farben. Ihr stattet es mit interessanten Merkmalen aus, so dass die anderen Menschen jetzt die Seele des Hauses sehen können, die auf einmal genauso ihre Aufmerksamkeit weckt wie die umgebende Natur. Das Haus ist nicht mehr dieser triste Backsteinbau inmitten dieses wunderbaren Meeres aus beseelter Natur. Jetzt fällt das Haus positiv auf. Es ist zu einer lebendigen, wachen Seele geworden. Dieses Haus ist jetzt die Person auf einer Party, die irgendwie herausragend leuchtet und mit ihrem Herzen sehr präsent ist.

Sie hebt sich von allen anderen auf der Party ab, aber nicht, weil sie versucht, etwas zu tun oder die Aufmerksamkeit der Leute auf sich zu ziehen. Das tun nur Menschen, die hierarchische menschliche Aufmerksamkeitsspiele spielen, was mit Machtungleichgewichten zu tun hat. Nein, wir sprechen von der magnetischen Seele auf der Party, die man einfach nicht aus den Augen lassen kann, weil die Seele eine andere Seele sieht, die sich wunderschön und umfassend zum Ausdruck bringt.

Dieses Haus hat jetzt eine Seele und lebt im Geist des Landes. Das ist wie bei denjenigen von euch, die im Lauf ihres Lebens mehr in Kontakt mit ihrer Seele kommen. Vielleicht heilen Sie etwas von dem menschlichen »Dreck«, mit dem sie zu tun hatten. Und wenn wir das sagen, wollen wir übrigens kein negatives Bild der Menschheit zeichnen, denn das ist, wenn ihr es für notwendig erachtet, Sache eurer eigenen Leute und eurer eigenen Strukturen. Wir versuchen nicht, euch dazu zu bringen, schlecht über das zu denken, was ihr als Menschen seid. Wir versuchen lediglich, euch daran zu erinnern,

dass ihr als Menschen dazu erzogen wurdet, eure wahre Kraft, die eure Seele ist, zu vergessen.

Wenn ihr als Seele wacher werdet, entdeckt ihr, was in euch steckt, das Einzigartige in euch, das manche eure »Seelenkraft« nennen – eure Macht, eure einzigartigen Gaben, eure einzigartige Art, die Welt zu sehen. Wenn ihr das in euer Leben einbringt, dann könnt ihr zusammen mit dem Geist schöpferisch sein.

Um auf deine ursprüngliche Frage zurückzukommen, Dianna: Seele und Geist erschaffen, wenn sie in Harmonie sind, das herrlichste Gemälde. Aber auf eurem Planeten gibt es allzu oft entweder nur das eine oder das andere. Ihr seid alle in der Lage zu sagen, wie schön die Natur ist, und ihr könnt das spüren. Und diejenigen, die erwacht sind und sich für ihre Seele geöffnet haben, spüren die Schönheit der Natur noch tiefer, weil sie die Lebendigkeit in der Natur wahrnehmen, die in all den Betonbauten fehlt, die für euch errichtet wurden.

Aber gleichermaßen bringt diese Seele, die so viele von euch besitzen, auch Geist hervor.

Denn wenn ihr mit eurer Seele verbunden seid, seid ihr auch eins mit der spirituellen Energie.

Ist eure Verbindung zu eurer Seele hingegen blockiert (weil ihr sie verdrängt habt oder die Lebensumstände euch dazu gebracht haben, sie sozusagen für schlechte Zeiten beiseite zu legen, weil es problematisch wurde, ganz ihr selbst zu sein, und andere Menschen euch dazu gebracht haben, so zu denken), beginnt ihr, eure Verbindung zum Geist zu verlieren. Eure Seele ist nämlich ein sinnliches Wesen, das sich des Geistes sehr bewusst ist. Es gibt Menschen auf der Erde, die dieses schöne Haus auf dem Gemälde sind. Und dadurch, dass sie die beseelte Seele sind, die sie sind, lassen sie spirituelle Energie in die Gruppen von Menschen um sie herum und in die Gegenden, in denen sie leben, einströmen. Das sind die Menschen, bei denen man, wenn man ihr Haus besucht, merkt, wie lebendig es sich anfühlt. Es fühlt sich nicht tot an oder eng oder wie eine blasse Nachahmung des Hauses eines jeden anderen. Nein, man spürt die spirituelle Energie im Inneren des Hauses.

Wir wissen es zu schätzen, dass du uns darum gebeten hast, dies besser zu veranschaulichen. Wir sagen euch, dass Seele und Geist eigentlich zusammenarbeiten, aber sehr oft wurden sie getrennt. Manchmal hilft es euch, bewusst zu eurer Seele Verbindung aufzunehmen, um den Geist zu sehen und zu fühlen. Manchmal ist es die spirituelle Energie der Natur oder die spirituelle Energie einer anderen Person in eurem Leben, die den Geist in euch aktiviert, und dann beginnt eure Seele lebendig zu werden. Spirituelle Energie magnetisiert die Seele. Und eine Seele, die in einen Raum, in eine Situation, in eine Schöpfung, in die Welt ausstrahlt – eine solche Seele ist in der Lage, spirituelle Energie zu erschaffen, herbeizurufen und zu aktivieren.

DIANNA: Ich danke euch für diese Antwort. Was ich wirklich interessant finde, ist, dass ihr ein Haus als Bild für die Seele gewählt habt. Vor vielen Jahren habe ich Jungsche Psychologie studiert, und ich habe vier Jahre lang eine Jungsche Analyse absolviert. Es war sehr faszinierend für mich, dadurch etwas über meine Träume zu erfahren, besonders über jene Träume, in denen Häuser vorkommen. Ich hatte immer wieder Träume, in denen ich mich in einem brennenden Haus befand und versuchte, meine Sachen zusammenzusuchen und hinauszukommen. Oder ich befand mich außerhalb des Hauses, kam zurück und sah, dass das Haus brannte. Dabei dachte ich: »Kann ich noch hinein, um ein paar meiner Sachen zu retten?« Es gab ungefähr fünf Variationen dieses Traums. Und meine wunderbare Therapeutin sagte: »Nun, das ist deine Seele. Was geht da vor sich?« Und wir begaben uns auf eine echte Reise, um meine Seele zu heilen. Könnt ihr uns eure Sicht dazu schildern? Ich kann mir vorstellen, dass auch unsere Leserinnen und Leser ähnliche Träume haben.

DIE Z: Das ist das Schöne am therapeutischen Modell. Ein Therapeut kann euch (mit seiner Kenntnis eurer menschlichen Erfahrungen und Begrifflichkeiten) helfen, die Begrenzungen oder Wunden, die ihr in euch tragt, aufzudecken, so dass ihr mehr von euch selbst zulassen könnt, innerlich offener werdet. Zu der Symbolik in deinen Träumen, Dianna (und wir werden dieses Beispiel verwenden, weil es für alle gilt), sagen wir:

Das Leben, das du damals lebtest, deine damalige Identität, musste niedergebrannt werden, damit das Feuer deiner Seele freigesetzt und in der Welt wirksam werden konnte. Und das gilt für sehr viele von euch.

Und noch einmal (wir haben in früheren Gesprächen mit dir darauf angespielt, Dianna): Ihr entwickelt euch alle ständig weiter. Das ist eine Selbstverständlichkeit. Aber es gibt unterschiedliche Geschwindigkeiten.

Und wenn die Seele aktiviert wird und gewissermaßen »online geht«, erhöht sich diese Geschwindigkeit. Die Seele will in eurem Leben eine größere Rolle spielen, und ihr wollt euch verbunden fühlen. Ihr wollt das Gefühl haben, dass das Feuer, das ihr seid, in eurem Leben brennen darf und euer Leben euch selbst und die Menschen um euch herum erwärmt. Und das Element Feuer ist (in deinem Fall und eigentlich im Fall aller, die damit arbeiten) eine reinigende Flamme. Es ist eine Flamme, die in der Tat das verursachen kann, was manche als Schaden oder Zerstörung ansehen. Feuer ist nun einmal Lebenskraft, und es kann reinigen und transformieren.

Wann immer ihr also von Feuer träumt oder Feuer eure Aufmerksamkeit anzieht, fragt euch: »Was brennt in mir, das herauskommen, hervorkommen, entfesselt werden will?«

Einige von euch, die das hier lesen, sind gerade tief berührt, als wir dies beschreiben.

Diejenigen von euch, denen bei dem, was wir gerade sagen, die Tränen kommen, oder bei denen es starke Gefühle auslöst, sind hier, um zu lernen, wie sie das Feuer ihrer Seele in der Welt auf eine sehr große Weise brennen lassen können.

Und ein Teil eurer Mission ist es, anderen das zu zeigen. Alle Menschen sind auf der Erde, um zu sehen, wie viel Seelenenergie sie zunächst in ihr eigenes Leben und dann wiederum in das Leben anderer bringen können. Aber es gibt viele unter euch, deren Aufgabe es ist, das zu sein, was wir eine »Superkraft« nennen, wenn es um Seelenenergie und die Energie des Feuers geht.

Und Dianna, du bist eine von ihnen, wie auch viele, die diese Zeilen lesen. Das Ausmaß und die Auswirkung des Feuers, das sich durch dein Haus, auch bekannt als deine Identität als Mensch zu dieser Zeit, brannte, war also ein Signal für dich, dass du der Erde, deinem Leben und dem Leben anderer weit mehr bringen solltest und dass es Teil deines Plans war (wiederum, wie bei vielen Leserinnen und Lesern), ein Beispiel und ein energetischer Aktivator für andere zu sein.

DIANNA: Ich muss sagen, als ich anfing, diesen Teil von mir, den ihr da gerade beschrieben habt, wirklich anzunehmen, wurden die Träume ruhiger und die Brände in den Träumen waren nicht mehr so schlimm. Oder das Feuer brannte im Keller, und ich hatte mehr Zeit, es zu löschen. Oder ich habe im Traum tatsächlich herausgefunden, wie ich das Feuer löschen kann. Es war also sehr interessant, die Entwicklung der Träume zu beobachten und zu sehen, was sie mir eigentlich sagen wollen.

Und jetzt, wenn doch noch mal so ein Traum kommt, ist das Feuer im Haus viel kleiner und ich erkenne sofort: »Was ist hier los? Wo habe ich den Kontakt zu meinem vitalen Selbstgefühl und meiner Seele verloren?«

DIE Z: Nun, wir sind sehr dankbar und wissen es zu schätzen, dass du dieses Traumbeispiel ansprichst, denn in deinem Fall (und in den Fällen vieler, die dies lesen, denn du bist die perfekte Botschafterin für diese Gespräche, weil du so viele Menschen des Kollektivs in deine Fragen einbeziehst) sind Träume oft das erste Reich, und in den Fällen mancher Menschen auch das einzige Reich, in dem das mediale Sehvermögen aktiviert wird. In der heutigen Zeit wird das Erzählen von Geschichten in eurer Gesellschaft fast immer visuell durch Fernsehen oder Film vermittelt. Aber wenn man in der Zeit zurückgeht, geschah das früher durch das Erzählen von Geschichten in der Sippe oder der Gemeinschaft, später durch das gegenseitige Vorlesen von Geschichten.

Euer geistiges Auge und eure visionären Fähigkeiten werden aktiviert, eure Medialität, wenn ihr euch selbst in diesen Geschichten vorstellt, und viele von euch haben kathartische Reaktionen auf diese Geschichten, die Aspekte eures Lebens widerspiegeln.

Wenn ein Film, den ihr anschaut, euch emotional berührt, liegt das oft daran, dass ihr das, was dort gezeigt wird, entweder selbst schon erlebt habt oder dass ihr einfach eine empathische Verbindung dazu habt.

Einige von euch sehen vielleicht etwas, das ihr in einem anderen Leben erlebt habt, und ihr könnt euch nicht erklären, warum es euch so bewegt, diese Person in der Geschichte etwas durchmachen zu sehen, von dem ihr selbst glaubt, es noch nicht erlebt zu haben. Bei Träumen ist es ebenso. Der Grund, warum wir Film und Fernsehen als Beispiel heranziehen, ist, dass viele von euch in ihren Träumen visuelle Erzählungen und »gefühlsbetonte« Erzählungen verwenden. Denn Träume sind viszeral und fühlen sich emotional sehr real an. Das ist der Grund, warum ihr eine starke Reaktion auf den Traum habt. Viele von euch werden durch ihre Träume zuerst psychisch erreicht. Euer übersinnliches Sehen und Fühlen wird im Traumzustand aktiviert, weil euer menschliches Selbst (in euer Wahrnehmung) schläft.

Aus unserer Sicht beginnt alle Arbeit, wenn ihr euch schlafen legt.

Ha! Diejenigen von euch, die nach dem Schlafen aufwachen und sich fragen, warum sie sich ein wenig müde fühlen, wissen, dass das daran liegt, dass die Seele auf eine sehr kraftvolle Weise online geht, wenn ihr die Fähigkeit des menschlichen Verstandes, sich mit dem Leben zu beschäftigen, ausschaltet. So sind Träume für viele die erste Wahrnehmung dessen, was man als mediale Botschaften, mediale Informationen bezeichnen könnte. Interessanterweise sehen das viele Menschen auf diesem Planeten immer noch nicht ganz so. Sie qualifizieren Träume als Fantasie ab oder als etwas, das nichts mit ihnen zu tun hat. Oder sie sagen Dinge wie: »Ich hatte einen seltsamen Traum, in dem ich durch ein Feld rannte, und ich hatte Angst, weil ich von jemandem verfolgt wurde.« Wenn ihr über den Traum nachdenkt, erkennt ihr manchmal, was er mit eurem Leben zu tun hat. Manchmal können Träume euch aber auch dabei helfen, Dinge zu heilen, für die ihr in eurem Leben keinen Raum schafft.

Ein Traum zum Beispiel, in dem ihr rennt, durch ein Feld gejagt werdet oder große Angst habt, ist ein Weg für euch, Ängste oder Befürchtungen zu verarbeiten oder aufzulösen, die ihr unterbewusst durchlauft. Etwas muss in Bewegung kommen, damit ihr in eurem Leben ein besseres Ergebnis erzielen könnt. Andernfalls würdet ihr diese unterbewusste Angst in eurem Alltag weiterhin ausagieren. Und dann würdet ihr durch eure magnetische Energie Dinge, Erfahrungen oder Menschen anziehen, die in euch diese Angst auslösen.

Träume sind nicht nur prophetisch. Sie sind auch großartige Heiler, die eine Menge Energie für euch in Bewegung bringen.

Und für diejenigen unter euch, die ihr Bewusstsein im Hinblick auf ihre Träume erweitern möchten, kann es sehr hilfreich sein, ein Traumtagebuch zu führen. Das ermöglicht es euch, eure Träume bewusst mit zu erschaffen und diese Erfahrungen, die ihr macht, während ihr schlaft, bewusster zu kultivieren.

DIANNA: Ich möchte noch etwas länger beim Thema Träume bleiben, denn ich fühle mich den Menschen sehr verbunden, die sich über einige ihrer Träume wundern. Ziemlich häufig sind bei vielen Menschen Flugträume. Ich habe das als Kind oft erlebt, aber als Erwachsene nicht mehr so oft. Ich wurde verfolgt und versuchte, vor etwas zu fliehen. Und ich schlug nicht wirklich mit den Flügeln, sondern bewegte die Arme kreisförmig rudernd und versuchte einfach, höher und höher zu steigen und so der Gefahr zu entkommen.

Ich befand mich immer knapp über den Bäumen in dieser Landschaft, durch die ich zu reisen versuchte, und ich hatte immer das Gefühl, dass etwas direkt vor meinen Füßen war und versuchte, mich herunterzuziehen. Es war ein Angsttraum, ganz sicher. Ich wachte auf, mein Herz raste, und ich war sehr dankbar, dass ich das nur geträumt hatte. Könnt ihr über Flugträume sprechen? Es gibt diese Träume nämlich in vielen Variationen.

DIE Z: Nun, wir werden dir einige – »Interpretationen« ist das falsche Wort –, sagen wir, »Erklärungsansätze« hierzu geben. Dabei werden wir uns auf die Hauptbereiche des Themas Flugträume konzentrieren.

> ***Der Flugtraum ist für die meisten Menschen mit der Freiheit der Seele verbunden, mit einem freien Geist. In manchen Fällen befindet ihr euch, wenn ihr im Traum fliegt, im Reich eurer Geistführer.***

Ihr fliegt also im Reich eurer Engel. Dianna, nun werden wir uns, als Beispiel, näher mit deinem Traum befassen. In der Zeit, als dieser Traum zu dir kam, warst du, verglichen mit anderen Zeiten in deinem Leben, weniger stark darauf konzentriert, unglücklich darüber zu sein, dass du dich auf der Erde inkarniert hattest.

Wenn du also in einem Flugtraum wieder nach unten auf den Boden gezogen wirst und erschrocken aufwachst, wurde diese Angst dadurch ausgelöst, dass du herabgezogen und festgehalten wurdest, während du durch die

Luft flogst und dich frei fühltest. Du konntest nicht nur über den Bäumen fliegen, sondern deine Seele fühlte sich auch befreit von der Bürde des Menschseins, den menschlichen Mustern, den menschlichen Problemen und der menschlichen Beziehungsdynamik.

Du bist, wie viele, die dies lesen, Dianna, eine stark »Fühlende«. Du »fühlst« dich durch die Welt, und es hat lange gedauert, bis du in der Lage warst, diesen dir eigenen Wesenszug bewusst wahrzunehmen, anzuerkennen und zu feiern. Aber er ist auch ein Teil von dir, über den du schweigen musstest. Denn (a) niemand hätte es verstanden; (b) bestimmte Menschen hätten sich dadurch bedroht gefühlt und dich angegriffen oder verurteilt; und (c) einige Menschen hätten dich vielleicht abgelehnt oder verlassen, weil sie dich für (um ein irdisches Wort zu verwenden) verrückt hielten – besonders damals. Diese Erfahrung können viele Leser dieses Buches gut nachempfinden.

Dieser Traum war symbolisch für dich, denn er erinnerte dich daran, dass es Ebenen der Existenz gibt, in denen du, dein Geist und deine Seele, frei sind.

Und auch hier sehen wir, dass Geist und Seele miteinander verbunden sind. Drücken wir es so aus: Stellt euch vor, ihr taucht in einem Schwimmbecken und spürt dabei das Wasser an eurem Körper. Stellt euch vor, die Seele ist euer Körper und der Geist ist das Wasser. Oder stellt euch vor, ihr spaziert, joggt oder wandert durch die Natur: Die Seele ist euer Körper und der Geist ist die Natur. Für dich, Dianna, bedeutet das Aufsteigen über die Bäume, dass du dem Team deiner Engel und deinen Geistführern nähergekommen bist, aber es war dir nicht erlaubt, dort zu bleiben. Und dass du wieder auf den Boden zurückgezogen wurdest, und die Angst, die das bei dir auslöste, bedeutet, dass du anfingst, mit den Gedanken und Emotionen in Kontakt zu kommen, mit denen du in Kontakt kommen musstest, um jenes Viertel deines Selbst anzusprechen, das damit ringt, auf der Erde inkarniert zu sein. Denn es ist nur ein Viertel eures Wesens, das diese Reaktion zeigt.

Eure anderen Wesensanteile sind ganz im Frieden damit, wo sie sind und warum sie hier sind, und ihr habt euch im Laufe der Jahre immer besser darauf eingestellt. Aber der Teil von Dianna, der überhaupt nicht begeistert war, dass ihr auf diesem Planeten mit all seinen, sagen wir mal, niedrigen Schwingungen inkarniert seid, war sehr traurig, diesen Traum verlassen zu müssen. Und doch, wenn Dianna nicht die Angst oder die Traurigkeit gespürt hätte, die dadurch ausgelöst wurde, dass ihr ein höheres Reich gezeigt wurde, hätte sie sich dieser Seite ihres Selbst niemals bewusst werden können. Und wenn ihr euch dieser Seite eures Selbst bewusst werdet, könnt ihr über sie hinausgehen und um sie herum Neues erschaffen.

Wenn du nicht bewusst erkennst, dass du unglücklich bist, weil du auf der Erde inkarniert hast, wirst du Erfahrungen magnetisch anziehen, denen du die Schuld dafür geben kannst, warum du auf der Erde unglücklich bist.

In diesem Zustand zieht ihr Menschen in euer Leben, die euch bestätigen, warum ihr unglücklich sein solltet, dass ihr auf der Erde seid. Aber sobald ihr euch dieses Teils von euch bewusst werdet und erkennt, dass einer eurer Aspekte – oder, man könnte sagen, eine eurer archetypischen Energien, die euch zu dem Menschen macht, der ihr seid – diese tiefe Traurigkeit darüber empfindet, dass ihr auf der Erde in einem Körper inkarniert seid, erlangt ihr eure Macht zurück. Und ist das nicht seltsam? Viele von euch vermuten sicher, diese Erkenntnis, dass ein Teil von euch nicht hier auf der Erde sein will, wäre sehr unangenehm. Viele von euch würden, wenn sie bei sich diese Abneigung dem Erdenleben gegenüber bemerken, alle möglichen negativen emotionalen Reaktionen zeigen: Entsetzen, Schock, Traurigkeit. Solche Abwehrreaktionen sind bei euch Menschen ganz normal.

Euch wird oft schon in der Kindheit beigebracht, solchen emotionalen Abwehrreaktionen nachzugeben, statt zum Kern der Sache vorzudringen.

Doch sobald ihr erkennt und euch eingesteht, dass ihr unglücklich darüber seid, auf der Erde inkarniert zu haben, aber es euch gleichzeitig auch klar wird, dass es in eurem Leben so viel mehr gibt als nur diesen Teil, schwingt sich eure Seelenenergie auf zu einer anderen Ebene. Und dann werdet ihr feststellen, dass ihr euch eure Lebenskraft zurückholen könnt. Ihr werdet lernen, (langsam aber sicher) die Flamme und das Feuer der Heilung zu nutzen, um jenen Teil in euch zu transformieren, der mit dem Dasein auf der Erde unzufrieden ist. Und ihr tut das, indem ihr die Freuden und Verbindungspunkte findet, die euch glücklich und dankbar machen, dass ihr auf der Erde seid. Das ist die Arbeit, die zu tun ist.

DIANNA: Ich danke euch. Ich bin froh, dass ihr zu Beginn unserer Diskussion über die Flugträume das Wasser erwähnt habt, denn das ist ein weiterer großer Bereich in der Traumarbeit. In vielen Träumen schwamm ich in sehr dunklem Wasser und fühlte mich unsicher, weil ich nicht sehen konnte, was unter mir war. Oder ich tauchte in diesem dunklen Wasser. Und nur manchmal befand ich mich in kristallklarem Wasser. Ich erkannte, dass Wasser für Emotionen, Unbewusstes und Unterbewusstes steht – verschiedene Kategorien des Bewusstseins. Könnt ihr etwas dazu sagen, welche Bedeutung Wasser in Träumen hat?

DIE Z: Nun, erstens vergesst ihr als Menschen oft, dass ihr zum größten Teil aus Wasser besteht. Wasser ist deshalb für euch die Heimat des Geistes. Jedes Element in der Natur kann euch etwas lehren. Zum Beispiel stehen Felsen und die Energie der Felsen (für euch alle) für Stabilität und Stärke. Bäume gehören zu den besonders medialen Naturelementen auf der Erde.

Bäume sind hochgradig medial. Sie haben ein starkes Energiefeld, in dem enthalten ist, was ihr als mediale Informationen bezeichnen würdet, aber sie zeigen auch Konnektivität. Denn im Gegensatz zu den Menschen haben Bäume keine individuellen Seelen, sondern kollektive Seelen.

Das heißt, die Seelenenergie, die ihr bei einem Baum spürt, ist niemals auf diesen individuellen Baum beschränkt. Bei Menschen spürt ihr diese Individualität. Manchmal, wenn ihr noch nicht gelernt habt, die wahre räumliche Weite von Menschen wahrzunehmen, werdet ihr einen Menschen als eine gesonderte Einheit sehen, als eine abgetrennte Identität. Bäume sind nicht auf diese Weise geformt, denn sie sind nicht darauf trainiert, sich von den anderen Bäumen und Pflanzen in ihrem Umfeld abzusondern. Sie sind in der Lage, sich miteinander zu verbinden und intensiv miteinander zu kommunizieren.

In jedem von euch Menschen ist jedes Element der Natur vorhanden oder doch wenigstens potenziell vorhanden. Wasser ist Leben. Wasser ist Tiefe. Wann immer ihr also im Wasser seid, erforscht ihr die Tiefe eurer Seele. Es ist interessant, dass so viele von euch Angst vor dem Ertrinken haben, denn diese Angst ist einfach die Angst vor dem Ende eures Lebens. Viele von euch assoziieren Wasser mit dem Tod, und ihr geratet in Panik. Ihr habt Angst vor der Vorstellung des Ertrinkens. Bedenkt aber, wie ihr in diese Welt kamt: Vor eurer Geburt schwammt ihr im Körper eurer Mutter in Wasser. Für uns schließt sich mit dem Ertrinken also ein Kreis, denn wir kehren ins Wasser zurück, auch wenn das euch Menschen schrecklich erscheinen mag.

Oft vergesst ihr, dass ihr Wasser seid. Ihr neigt dazu, euch als Erdenwesen zu sehen, aber in Wirklichkeit seid ihr Wasserwesen. Wenn ihr also von Wasser träumt, befindet ihr euch höchstwahrscheinlich in der Tiefe eurer Seele. Wir können das nicht pauschal sagen, denn es hängt davon ab, was in jedem Traum und bei jedem Einzelnen von euch vor sich geht, aber im Allgemeinen begegnet ihr in der Weite der Lebenskraft euch selbst, wenn ihr vom Wasser träumt. Ihr seid dann eins mit dem Geist geworden. Im Gegensatz zu Flugträumen, Dianna, bei denen du dich über den Bäumen und im Reich der Engel und Führer befindest, dehnst du, wann immer du im Wasser bist, deine Seele in sehr große Tiefen aus – dein Verständnis davon, wer du als Seele bist.

Und weil es für viele Menschen eine fremde Erfahrung ist, in ein Gewässer einzutauchen, besteht natürlich die Gefahr, dass man sein Leben verliert.

Es ist sehr wichtig für euch, Folgendes zu verstehen: Wenn ihr vom Wasser träumt, bedeutet das jedes Mal eine Wiedergeburt.

Denn im Wasser zu sein bringt eine Wiedergeburtsenergie mit sich. Und wie Lee schon oft gesagt hat, weil er es vor vielen Jahren als Erster von uns hörte, kann Wasser eure elektrische Energie wieder ins Lot bringen. Wenn euer Tag also anstrengend ist oder ihr euch »unwohl« fühlt, duscht oder geht, wenn euch das möglich ist, an ein Gewässer. Wenn euer Geist sehr unruhig ist oder eure Gedanken in eurem Körper Angstgefühle auslösen, taucht euren Kopf unter Wasser.

Ihr werdet überrascht sein, dass nur wenige Minuten, nachdem euer Körper mit Wasser in Berührung kommt, euer elektrisches Energiefeld einen regelrechten »Reset« erlebt. Das Wasser wird euch neutralisieren. Es wird euch auf eine gesunde Null zurücksetzen. Es wird den elektrischen Strom unterbrechen, der sozusagen in eurem Energiefeld knistert. Und es gibt euch die Gelegenheit zur Wiedergeburt. Wasser hat viele verschiedene Konnotationen, aber diese Qualitäten der Reinigung und Neutralisierung sind dienigen, die wir als die wichtigsten ansehen, wenn es um Wasserträume geht.

Es gibt hierzu einen interessanten Punkt, auf den wir euch hinweisen möchten. Wenn Lee channelt, verliert er schnell Flüssigkeit (und das gilt auch für jeden von euch, der entweder channelt oder andere kraftvolle energetische Arbeit tut oder in dessen Leben starke Veränderungen oder Heilungen stattfinden). Es bewegt sich nämlich ein Feuer durch Lees Körper, damit dieses Channeln und diese Verbindung stattfinden kann. Und am Ende einer Sitzung ist der Körper ziemlich heiß geworden. Er muss also genug Wasser trinken, damit unsere Energie mit ihm kommunizieren und sich mit ihm verbinden kann, und damit ein Energiekreislauf durch seinen Körper fließt. Wenn wir das tun, fließt viel Energie durch ihn – Seele, Gedanken und Gefühle.

Er ist sich dessen mental nicht bewusst, denn seine mentale Kapazität wird von uns übernommen. Wir erwähnen das, um euch darauf aufmerksam zu machen, dass ihr darauf achten solltet, wenn ihr in eurem Leben eine starke Veränderung durchmacht, oft und reichlich Wasser zu trinken. Das hilft, euch zu resetten und zu neutralisieren und einen Energiestrom zu erzeugen, der sich durch den Körper bewegt. Es kann sonst geschehen, dass ihr in diesen emotionalen Wellen steckenbleibt, die bei einer Heilung durch euch fließen. Aber Wasser ist die Strömung, die alles im Fluss halten kann. Deshalb sagen er und wir immer: »Wenn du in deinem Leben gerade etwas Großes durchmachst, trinke mehr Wasser.« Nicht, weil euer Körper mehr Wasser benötigt, wie euer Arzt es vielleicht sagt, sondern weil eure Seele das Wasser viel schneller verbraucht als sonst.

DIANNA: Danke, dass ihr das erklärt habt. Ich denke, es ist wichtig für die Menschen, den Prozess zu verstehen, den Lee durchläuft, um euch alle in diese Gespräche einzubeziehen, und was er zur Unterstützung braucht. Ich habe noch eine Frage zum Thema Träume, bevor wir etwas tiefer in die Seelendiskussion einsteigen. Können wir den Lesern einen Rat geben? Was können sie tun, wenn sie mitten in der Nacht oder am frühen Morgen panisch aus einem Traum erwachen, in dem sie ertrinken oder sich in einem dunklen und möglicherweise gefährlichen Wasser befinden, oder aus einem anderen Paniktraum, den sie vielleicht erlebt haben? Was können sie tun, um diesen Traum zu verarbeiten und sich mit ihren Seelenbotschaften zu verbinden?

DIE Z: Nun, zunächst einmal wären in den meisten Fällen ein paar kurze und einfache Affirmationen hilfreich, die man idealerweise laut ausspricht. Aber wenn das nicht möglich ist – wenn ihr das Bett mit jemandem teilt oder noch jemand im Zimmer ist, so dass es unangebracht wäre, die Affirmationen laut auszusprechen –, könnet ihr sie in Gedanken sagen. Ein Beispiel: Ihr wacht erschrocken aus einem angstbesetzten Traum auf. Dann sprecht, laut oder in Gedanken, ein paar Sätze, wie zum Beispiel: »Ich bin in Sicherheit. Ich bin hier. Ich bin in meinem Körper präsent. Ich bin hier im gegenwärtigen Augenblick, jetzt.« Das wird euch helfen, wieder in eure aktuelle Zeitlinie zu wechseln.

Im Traum habt ihr nämlich eine andere Zeitlinie besucht, einen anderen Ort, einen anderen Teil oder Bereich eurer Seelenenergie.

Und nun seid ihr wieder im Körper, und ihr seid ein wenig beunruhigt, weil euer Körper sich etwas verändert oder verwirrt anfühlt, so dass er euch irgendwie fremd ist. Denn in eurer jetzigen Realität, in der ihr aufgewacht seid, erscheint der Traum wie ein Mythos oder eine Erinnerung oder etwas, das nicht wirklich existierte, aber euer Nervensystem erzählt euch eine ganz andere Geschichte.

Außerdem, und das haben wir vorhin schon angedeutet, wäre es wichtig und gut für euch, alles von dem Traum aufzuschreiben, woran ihr euch nach dem Aufwachen erinnert. Viele von euch vergessen ihre Träume recht schnell, denn wenn ihr in das irdische Reich zurückkehrt, ist es fast so, als hätte der Traum nicht stattgefunden. Für euren menschlichen Verstand ist es schwer, an dem Traum festzuhalten. Das ähnelt dem, was mit Lee geschieht, wenn er channelt. Wie wir gerade erklärt haben, ist er sich all dessen, was ihn durchströmt, nicht sehr bewusst, während er uns channelt, weil sein menschlicher Verstand nicht die Kontrolle hat, anders als sonst, wenn wir nicht auf seinen

Verstand und seinen Wortschatz zugreifen. Und im Nachhinein gibt es bestimmte Dinge, an die er sich erinnert, und es gibt vieles, das er vergisst, weil er es nicht bewusst erleben konnte und weil wir ein anderes Energiefeld durch seinen Körper geschickt haben.

Er muss sich also oft noch einmal anschauen, was wir gesagt haben. Und diejenigen von euch, die uns oder anderen Channelmedien zuhören, haben vielleicht bemerkt, dass es Dinge gibt, die ihr beim ersten, zweiten oder dritten Mal nicht mitbekommt, sondern erst beim vierten Zuhören bewusst wahrnehmt. Das liegt daran, dass ihr in einen anderen Energiebereich hineinhört, und so ist es auch bei denjenigen von euch, die träumen. Deshalb empfehlen wir euch dringend, ein Traumtagebuch zu führen, nicht unbedingt als Aufgabe oder so, wie manche Experten es empfehlen. Schreibt einfach drei Sätze dazu auf, was euch von dem Traum im Gedächtnis geblieben ist. Ihr könntet zum Beispiel aufschreiben: »Ich bin gerannt. Ich war verängstigt. Ich fühlte mich ängstlich, als ich aufwachte.« Das genügt. Zu einem späteren Zeitpunkt am Tag, wenn ihr euch wieder beruhigt habt und euch nicht mehr in dem erregten emotionalen Zustand befindet, nehmt euch die Stelle im Traumtagebuch oder das Blatt Papier wieder vor und denkt darüber nach.

Und in diesem Moment, ohne die emotionale Reaktion, wird dieser Traum eurem höheren Bewusstsein einen Hinweis geben. Ihr werdet lesen: »Ich bin gerannt.« Ihr werdet lesen: »Ich hatte Angst.« Und während ihr diese Sätze lest, werdet ihr vermutlich eine visionäre Einsicht zu etwas in eurem Leben haben, die sich in dem Traum widerspiegelt. Vielleicht wird euch plötzlich klar, dass ihr in dem Job, den ihr zur Zeit ausübt, auf der Flucht seid. Ihr lauft vor der Arbeit weg. Ihr flieht vor der Verpflichtung. Ihr rennt davor weg, voll und ganz präsent zu sein. Hier können Träume euch wertvolle Hinweise liefern.

Aber in dem Moment, in dem ihr aus dem Traum hochschreckt, befindet ihr euch noch zwischen den Welten. Dann ist euer analytischer oder rationaler Verstand noch nicht in der Lage, dem Traum Raum zu geben, um euch die goldenen Erkenntnisse zu vermitteln, die er enthält.

Wenn wir euch sagen, ihr sollt diese Tagebuchnotizen schreiben, ha! Dann ärgern sich viele von euch ein wenig über diese Idee, denn es fühlt sich an, als würde euch der Lehrer sagen, dass ihr Hausaufgaben machen sollt. Das sind keine Hausaufgaben, die jemand anderes sehen oder benoten wird. Es sind Hinweise für euch selbst. Wenn ihr eine tiefere Beziehung zu eurem medialen Selbst, zu eurem visionären Geist entwickeln und den Traum nicht einfach abtun und vergessen wollt, schlagen wir vor, euch ein paar

Notizen machen. Später am gleichen Tag oder im Laufe der Woche könnt ihr euch diese Notizen anschauen, und von einer ganz anderen Perspektive in eurem Körper aus könnt ihr dann vielleicht beginnen, die Bedeutung der Traumbotschaften zu verstehen.

Oder eure Fantasie, euer medialer Geist, euer visionäres Selbst zeigt euch beim Lesen dieser Sätze Bilder von Bereichen in eurem Leben, auf die dieser Traum sich bezieht. Träume helfen, euch das Unbewusste bewusst zu machen, und sie tun dies oft durch sehr intensive, fast psychedelisch übersteigerte Geschichten. Aber in Wirklichkeit zeigen sie euch, was tief in euch verborgen ist. Wie fantastisch der Traum auch immer erscheinen mag, er versucht lediglich, euch einige der Energien und Emotionen in euch visuell und körperlich bewusst zu machen, denen ihr entweder in eurem Leben mehr Raum geben solltet oder die losgelassen, geheilt oder anerkannt werden müssen, damit ihr als menschliche Seele gestärkt werdet und Fortschritte macht.

DIANNA: Im Reich der Träume gibt es, wie in allen Reichen, keine Vergangenheit oder Zukunft. Können diese Träume, über die wir sprechen, auch die Verarbeitung früherer Leben sein?

DIE Z: Das sind sie oft. Wir würden sagen, dass das Reich der Träume tatsächlich Vergangenheit, Gegenwart und Zukunft enthält – aber eine Vergangenheit, Gegenwart und Zukunft, die ihr selbst dort hineingebracht habt. Stellt euch vor, der Traum wäre ein großer Kochtopf. Und während ihr, der Koch dieses Traums (wenn auch unbewusst), anfangt, die Zutaten für den nächtlichen Traum in den Topf zu werfen, erkennt ihr vielleicht, dass ein paar Zutaten aus der Vergangenheit nützlich sein werden. So könnte es bei diesem Traum gut für euch sein, das Haus eurer Kindheit zu sehen – und das Gesicht eurer Mutter, als sie dreißig Jahre jünger war, denn das wird euch helfen, eine Verbindung zu einem anderen Zeitpunkt in eurem Leben herzustellen, weil ihr etwas von damals reaktivieren oder wiederbeleben müsst.

Denkt daran, dass sich euch im Lauf des Lebens immer wieder alle möglichen Gelegenheiten bieten, aber viele von euch greifen nicht gleich beim ersten Mal zu.

Wir werden euch dafür ein sehr menschliches Beispiel geben. Nehmen wir einmal an, ihr seid zwölf Jahre alt und jemand bietet euch ein wunderbares Geschenk an, aber eure Eltern und die Gesellschaft haben euch so konditioniert, dass ihr von jemandem, den ihr nicht sehr gut kennt, kein Geschenk annehmt. Im Alter von zwölf Jahren sagt ihr also: »Nein.« Später wird euch das Geschenk noch mehrfach angeboten, von unterschiedlichen Leuten, doch ihr bleibt beharrlich bei eurem Nein. Und dieses Muster setzt ihr auch später als Erwachsene auf eine etwas raffiniertere Art und Weise fort. Ihr zieht das so lange durch, bis ihr mit neunundzwanzig Jahren aus irgendeinem Grund einen Durchbruch erlebt und das Geschenk endlich annehmt. Und dieses Geschenk hilft euch, mit der Liebe in Kontakt zu kommen. Ihr lernt, euch für andere Menschen zu öffnen und für das, was sie euch geben möchten. Aber auch das Geschenk selbst ist für euch sehr wichtig. Es ist ein Musikinstrument, und ihr seid auch mit neunundzwanzig immer noch bestrebt, eure Musikalität zu aktivieren.

Was wäre, wenn wir euch sagen würden, dass dies dasselbe Geschenk ist, das euch jemand mit zwölf Jahren machen wollte, aber ihr habt es zurückgewiesen. Und dann hat man es mit fünfzehn wieder versucht, und dann hat es jemand anderes mit neunzehn wieder versucht. Es ist nicht jedes Mal dieselbe Person, aber das Universum wird immer wieder andere Gefäße finden, andere Wege, um eure Lebensthemen zu euch zu bringen.

Und zum richtigen Zeitpunkt werdet ihr »Ja« sagen. Und wenn ihr schließlich zu jedem Geschenk, das euch gemacht wird, »Ja« sagt, bauen die Geschenke sich auf und verdichten sich, bis ihr zu Botschaftern dessen werdet, was das Universum euch alles schenkt. Und Träume haben ganz genau dieselbe Funktion.

Wie Dianna ganz richtig bemerkt hat:

Träume erlauben euch manchmal, wenn ihr bereit seid, ein Geschenk aus einem vergangenen Leben zu empfangen, Themen aus jenem Leben loszulassen, die ihr loslassen müsst.

In mindestens 80 Prozent der Fälle, in denen eine Gabe aus einem vergangenen Leben reaktiviert wird, gibt es einen Schatten aus diesem vergangenen Leben, der mit dieser Gabe verbunden ist. Wenn es sich bei der Gabe zum Beispiel um Musik handelt und ihr sie mit zwölf Jahren abgelehnt und mit neunundzwanzig schließlich angenommen habt, heißt das nicht, dass es ein Fehler war, das Geschenk damals nicht anzunehmen. Es liegt daran, dass ihr euch in einer Familiensituation befandet, die euch nicht darin unterstützt hätte, diese Gabe zu pflegen und zu entfalten. Vielleicht wären andere in der Familie eifersüchtig auf eure Gabe gewesen, denn euer Traum war es, wirklich Großes in der Musik zu leisten. Und um das nicht durchmachen zu müssen, habt ihr einfach immer wieder Nein zu dieser Gabe gesagt, die für euch eigentlich zum Greifen nahe war. Aber jetzt mit neunundzwanzig fühlt ihr euch bereit dafür, dieses Musikinstrument zu empfangen und es zu spielen. Ihr aktiviert die wunderbaren musikalischen Fähigkeiten, die so lange in euch schlummerten. Und dadurch werdet ihr mehr von eurer Seele in der Welt zum Ausdruck bringen.

Aber es ist eine Gabe aus einem vergangenen Leben, in dem ihr eine Person wart, die nur in der Musik Glück fand – Musik war für sie die einzige rettende Gnade, der einzige Teil des Lebens, in dem ihr Freude empfinden konntet. Wenn also diese musikalische Gabe wieder auftaucht, ist es ganz normal, dass in eurem jetzigen Leben etwas ein wenig schief läuft. Oder es taucht etwas in eurem Leben auf, das eine Überraschung oder eine Herausforderung darstellt. Deshalb wird man, wenn das Universum einem eine Gabe zum Geschenk macht, oft gleichzeitig mit etwas konfrontiert, das geklärt, geheilt oder gelernt werden muss. Im Alter von neunundzwanzig Jahren verfügt ihr inzwischen über die emotionale Kapazität und Stärke, die erforderlich sind, um die Schattenseiten eurer musikalischen Begabung zu bewältigen. Das heißt, ihr seid in der Lage, die damit einhergehenden Herausforderungen zu meistern.

Wir hoffen, dass das, was wir sagen, für euch einen Sinn ergibt. Und wir sagen das nicht, um euch einzuschüchtern. Denkt daran, dass die Heilung eures Schattens Teil eurer Arbeit hier auf Erden ist. Die Heilung eures Schattens hat in der Tat einen schlechten Ruf, so wie die Menschen auch die Trauer missverstehen.

Aber während jemand eine große Trauererfahrung in seinem Leben durchmacht, reißt er das Gebäude, das er einmal war, tatsächlich ab. Und in den kommenden Wochen, Monaten oder Jahren wird der Trauernde ein prächtigeres Gebäude erbauen – nämlich sich selbst.

Viele denken, Trauer sei ein sehr regressiver oder schwieriger Zustand. In Wirklichkeit ist Trauer ein Zustand, aus dem etwas Neues geboren wird. Es sieht nur nicht immer so aus, wenn man jemanden beim Trauern beobachtet.

Davon seid ihr vielleicht gerade weit entfernt, und wenn ihr jemanden trauern sehen, denkt ihr, dass ihr so etwas selbst lieber nicht durchmachen wollt. Ihr mögt den Anblick der Traurigkeit, des Schmerzes oder des Verlustes nicht, die dieser Mensch gerade durchmacht. Aber in Wirklichkeit ist das, was mit ihm geschieht, eine Wiedergeburt und eine Verwandlung. Für viele ist Trauer oft mit Tränen verbunden. Tränen stehen für Wasser. Wasser wiederum steht für Wiedergeburt. Erkennt ihr den Zusammenhang?

Wir erwähnen das also nicht, weil wir euch Angst vor der Aktivierung eurer Gaben machen wollen, sondern weil wir euch helfen wollen, zu der am weitesten entwickelten Version eurer Seele zu werden. Um das zu erreichen, müsst ihr, wenn ihr Energien oder Gaben aus vergangenen Leben einbringt, auch den Schatten aus dem Weg räumen, der mit ihnen verbunden ist. Auf diese Weise entwickelt ihr euch selbst nicht nur in diesem Leben weiter, sondern bereinigt auch die Ahnenreihe des Planeten, zu der ihr in diesem vergangenen Leben gehörtet. Denn wie wird dieser Planet zu einem Ort höheren Bewusstseins? Nun, damit das gelingt, müsst ihr eine Menge (um ein Wort zu gebrauchen, das ihr gut versteht) »Reinigung« von niederen Energien betreiben, während ihr vorwärtsgeht.

DIANNA: Noch ein letztes Wort zu unserer Seele. Ihr habt gesagt, dass wir als Seele sterben, wenn wir uns nicht mit dem verbinden, was für uns wichtig ist – einzigartig wichtig. Stirbt eine Seele denn überhaupt wirklich oder zieht sie sich nur vom Körper zurück?

DIE Z: Es kann beides sein, und es kommt auf die Umstände an. Die Seele ist wie die Zündflamme, die man sieht, wenn man darauf wartet, dass sich ein Feuer entfacht. Diejenigen unter euch, die sich mit Gasbrennern auskennen, sehen oft diese winzige Flamme, deren Aufgabe es ist, wenn das Gas einströmt, das eigentliche Feuer zu entzünden. Aber bis das Gas einströmt, glimmt die Zündflamme still und bescheiden vor sich hin.

Und wenn sie diese Seele, diesen Menschen sehen oder mit ihm interagieren, fühlen sie sich lebendiger. Sie fühlen sich mehr in Kontakt mit ihrer eigenen Seele. Sie verbinden sich mit der Zündflamme in ihrem Inneren und erlauben ihr, ein wenig heller zu leuchten, während sie sich auf diesen anderen Menschen konzentrieren und die Energie seiner Seele empfangen, die stärker entfaltet ist, stärker ausstrahlt als ihre eigene.

Die meisten Menschen, deren Licht erloschen ist, deren Seele sich nicht entfalten darf, haben immer eine Zündflamme in sich, die jederzeit wieder auflodern kann, wenn die richtige Formel, die richtigen Bewusstseinsmöglichkeiten, die richtigen Menschen oder, wie wir ganz am Anfang dieses Gesprächs sagten, Seelen mit starker Ausstrahlung in ihr Leben treten, denen sie vertrauen oder von denen sie fasziniert sind.

Es gibt aber noch eine andere Möglichkeit. Eure Seele kann, wie wir sagen, vertrieben oder ausgemerzt werden. Die Seelenenergie kann vollständig in die Dunkelheit geworfen werden. Das ist gewöhnlich dann der Fall, wenn ein Mensch für sich ein Todesszenario erschafft. Es gibt viele, die Selbstmord begehen, weil sie das Licht ihrer Seele nicht genug spüren. Sie haben vielleicht das Gefühl, als würden sie völlig in der Dunkelheit der Welt ertrinken. Und das geschieht auf dem Planeten in letzter Zeit vermehrt. Diese Menschen fühlen sich im Leiden gefangen. Sie haben vielleicht das Gefühl, dass alles Leid der Welt auf ihren Schultern lastet und dass das Licht ihrer Seele nicht stark genug ist. Deshalb glauben sie, das alles einfach nicht länger ertragen zu können. Aber es gibt auch diejenigen, deren Seele den Körper verlässt.

Und wenn das geschieht, dauert es nicht lange, bis sich entweder ein physischer Tod für sie manifestiert oder sie sich das Leben nehmen. Ein Mensch, der völlig von seiner Seelenenergie getrennt ist, kann normalerweise nicht lange auf der Erde überleben. Wenn die Seele den Menschen verlassen hat, kann er in der Regel nur noch zwei bis drei Wochen im Körper leben. Man sieht das in vielen Situationen am Ende des Lebens, zum Beispiel wenn Menschen ins Koma fallen. Man sieht es auch, wenn Menschen sehr dunkle oder zerstörerische Dinge tun.

Solche Fälle sind aber selten – wir wollen euch also nicht erschrecken. Manchmal kommt es auch vor, dass Menschen in einen Zustand der Besessenheit geraten. Wenn ihre eigene Seele stark genug unterdrückt, fremdbestimmt oder aus ihrer Menschlichkeit hinausgedrängt wurde, können dunklere oder zerstörerische Energien den menschlichen Körper übernehmen.

Nun, wenn wir mit euch über solche Dinge sprechen, müssen wir sehr vorsichtig sein, denn einige von euch werden das etwas beunruhigend finden – vor allem, wenn Spiritualität noch neu für sie ist oder ihr euch gerade erst für die Vorstellung öffnet, dass ihr eine Seele habt. Eine der größten Blockaden besteht bei vielen von euch darin, dass ihr, wenn das Thema Besessenheit zur Sprache kommt, in Panik geratet: »Was sind das für dunkle Energien, mit denen ich in Kontakt geraten könnte? Was ist, wenn ich besessen werde? Und was passiert, wenn ich mit einem Dämon in Kontakt komme?«

Für den Fall, dass das euer Denkmuster ist, möchten wir euch Folgendes sagen: Habt ihr denn jedes Mal Angst, wenn ihr in die Welt hinausgeht? Dabei besteht doch immer die Möglichkeit, dass ihr von einem Auto angefahren werdet. Oder es könnte genau dort, wo ihr auf der Straße unterwegs seid, ein Erdbeben stattfinden. Auch besteht die Möglichkeit, dass jemand auf euch schießt. Denkt ihr auf solche Weise? Die meisten sicherlich nicht. Und doch, wenn es um das Reich des Geistes geht, seid ihr in eurer Gesellschaft so sehr auf Angst programmiert worden, dass ihr sofort an die schlimmsten Dinge denkt, die passieren könnten, statt an all das potenziell Gute. Wir müssen also vorsichtig sein, wenn wir solche Informationen an euch weitergeben.

Denn es gibt bei jedem Menschen einen Vertrag zwischen Körper und Seele. Und wenn dieser Vertrag gebrochen wurde, ist es die Aufgabe des menschlichen Körpers, von der Erde zu verschwinden, oder anders ausgedrückt, nicht mehr von der Seele belebt zu werden.

In manchen Fällen ist es tatsächlich möglich, dass ein menschlicher Körper besessen ist, wie ihr es in eurem Sprachgebrauch nennen würdet. Das verhält sich aber nicht so, wie es in euren Filmen erzählt wird. Es ist dann einfach so, dass die Seele den menschlichen Körper so weit verlassen hat, dass eine andere Entität, ein anderes Wesen dort einziehen kann. Aber wir versichern euch, dass dies nur sehr selten länger als zwei bis drei Wochen anhält, bevor der Körper stirbt.

DIANNA: Ich möchte etwas klären, das die Leser verwirren könnte: die Vorstellung, dass die Seele sterben kann. Wenn ich es richtig verstehe, sind unsere Seelen ewig. Sie werden sich uns in der nächsten Inkarnation, die wir wählen, wieder anschließen. Wenn ihr also sagt, dass die Seele stirbt, meint ihr damit dann nur, dass sie dieses Leben verlässt?

DIE Z: Die Seele und der Mensch haben einen Vertrag geschlossen. Wir möchten es so ausdrücken: Die Seele von uns – von uns, die wir gerade von Lee gechannelt werden – ist zum Teil das, was ihr erlebt, wenn ihr uns erlebt, aber wir kommen zu euch durch eine sehr spezifische Form. Die Seele von uns als Gruppe und als Individuen innerhalb dieser Gruppe sieht sehr unterschiedlich aus, fühlt sich sehr unterschiedlich an und klingt in den Seelenbereichen sehr unterschiedlich.

Wenn wir zu euch über das Sterben der Seele sprechen, meinen wir nicht, dass die Seele für immer verdampft. Wir meinen einfach, dass die Seelenbeziehung, die den Menschen beseelt, stirbt.

Eure Seele wird sich in jedem menschlichen Leben auf eine ganz bestimmte Weise zeigen. Deshalb ist das menschliche Leben (aus unserer Sicht) eine außergewöhnliche Erfahrung. Und deshalb erinnern wir euch daran, dass das so ist. Ihr macht in diesem einen Leben, in dem ihr euch zur Zeit befindet, eine völlig einzigartige Erfahrung mit eurer Seele.

Bewegt sich eure Seele durch viele Lebenszeiten und nicht nur durch menschliche Lebenszeiten – durch alle möglichen Reiche, Inkarnationen und verschiedene Teile des Universums? Ja. Aber sehen diese anderen Lebenszeiten so aus, wie die Seele sich manifestiert, wenn ihr ein Mensch seid? Nein. Das menschliche Leben auf der Erde ist unglaublich einzigartig. Wir sind euch deshalb sehr dankbar, wenn ihr bei uns nachfragt, was wir mit den von uns verwendeten Worten meinen. Die Seele stirbt nicht, doch die Form, die die Seele annimmt, während sie in einem von euch ist, macht euch zu dem, was ihr als menschliches Wesen seid. Und gleichermaßen wird eure Seele davon beeinflusst, wer ihr als Mensch seid. Es ist ein

Lebenskraft-Vertrag, der erfüllt wird, während die Seele im menschlichen Körper ist. Und es ist ein Schöpfungsvertrag, den die Seele auf der Erde durch das, was ihr als Mensch seid, ausleben kann. Aber wenn die Ausstrahlung der Seele in eurem Körper schwach wird oder die Seele bedroht wird oder wenn es einfach an der Zeit ist, dieses Leben zu beenden, verlässt sie den Körper.

Sie stirbt nicht, doch aus eurer Sicht könnte es genau diesen Eindruck machen, denn ihr werdet diese Seele nie wieder in derselben Gestalt sehen. Selbst wenn zum Beispiel die Seele von jemandem, den ihr zu Beginn eures Lebens kanntet, am Ende eures Lebens in einem anderen Menschen reinkarniert und ihr die Seele wiedererkennt, wäre es ein bisschen so, als würdet ihr zwei verschiedene Menschen sehen. Aus diesem Grund ist die Reinkarnation für viele von euch schwer zu verstehen. Ihr neigt dazu, der reinkarnierten Seele alle möglichen persönlichen Vorstellungen zuzuschreiben. Das Problem ist, dass die Seele sozusagen bei jeder Reinkarnation ein anderes Outfit anzieht. Wenn es um die Persönlichkeit geht, gibt es zwar einige Ähnlichkeiten, aber der Einfluss der Seele auf den Menschen ist in jeder Inkarnation einzigartig. Wir hoffen, dass das, was wir gerade gesagt haben, ein wenig mehr erklärt. Wir sind gerne bereit, weitere Einzelheiten zu erläutern, wenn ihr mehr Klarheit benötigt.

DIANNA: Ich denke, das ist für den Moment ausreichend. Wir werden in späteren Gesprächen noch mehr auf die Seele eingehen, wenn wir über Tod und Sterben sprechen, also hebe ich mir die anderen Fragen für dann auf. Ich möchte mit einer Frage schließen, die auf etwas zurückgeht, das ihr in einem unserer früheren Gespräche sagtet: dass es um die Seele herum eine Membran gibt, die mit dem Menschen verbunden ist.

DIE Z: Ja. Wir werden es euch am besten einmal auf diese Weise erklären: Wenn der menschliche Körper euer Schwerkraftanzug ist – das heißt, er ermöglicht es eurer Seele, sich zu erden und auf der Erde zu sein –, dann ist die »Seelenmembran« das, was wir euch am ehesten als den Zustand beschreiben können, in den eure Seele übergeht, wenn sie in unmittelbarer Kommunikation mit einem menschlichen Körper steht.

Wenn ihr nämlich nicht mehr inkarniert seid, existiert eure Seele trotzdem noch, aber nicht in dieser Gestalt oder Identität. Sie wird auf die Seelenebenen zurückgebracht.

Das heißt, ihr werdet wieder amorph und schwimmt mit all den anderen Seelen, und in vielerlei Hinsicht kehrt ihr zum Massenbewusstsein zurück. Aber »Bewusstsein« ist das entscheidende Wort. Wir sind uns bewusst, dass ihr, wenn wir »Massenbewusstsein« sagen, wahrscheinlich an das Massenbewusstsein der Menschen denkt, und das ist eine bestimmte Art von Bewusstsein. Aber wenn wir über das Massenbewusstsein der Seelen sprechen, stellt es euch ähnlich einem großen Schwarm von Fischen vor, die gemeinsam im Wasser schwimmen.

So sieht das Seelenreich für die meisten Seelen aus. In diesem Zustand seid ihr nicht auf der Suche nach einer Inkarnation, und ihr seid in den Strom des Lebens, der Seeleninformation, aber auch der universellen Energie, der universellen Lebenskraft zurückgekehrt. Einige von euch nennen es »die Quelle«. Sie besteht aus vielen verschiedenen Schichten. Ihr stellt euch das gerne als einen Ort vor, doch es ist kein fester Ort. Es gibt viele verschiedene Ebenen, die eure Seele durchläuft, wenn ihr zum ersten Mal den Körper verlasst und wenn ihr noch nicht lange inkarniert seid. Ihr seid in der Lage, amorphere Formen anzunehmen. Einige von euch machen sich also daran, mit der Seelenenergie des Landes zu arbeiten. Ihr seid vielleicht eine von vielen Hunderten oder Tausenden Seelenenergien, die gemeinsam an der Reinigung und Frequenzsteigerung eines bestimmten Teils der Welt, eines bestimmten Teils des Landes arbeiten.

Die Seelenmembran, die wir euch hier beschreiben, bezieht sich speziell auf die Membran, die euch mit einem menschlichen Körper verbindet.

Wir haben im Laufe der Jahre oft gesagt: Stellt euch das menschliche Energiefeld oder die Aura als etwas vor, das in einer Größe von etwa einem Meter achtzig bis drei Meter sechzig euren Körper umgibt. Es kann kleiner oder größer werden, je nachdem, was ihr gerade tut, mit wem ihr zusammen seid oder wo ihr euch befindet.

Die Seelenmembran ist größer als euer Energiefeld und existiert um es herum.

Sie ist etwa doppelt so groß. Und die Seelenmembran ist in gewisser Weise eine Art Haut, die sich um die Seele bildet. Aber von der Seelenmembran geht ein Faden aus, den man als Verbindung zur Astralebene betrachten kann.

Die Seelenmembran ist die Haut, die ein blasenförmiges Energiefeld um euch als Mensch bildet. Und die Schnur, die euch mit der Astralebene verbindet, ist der Zugang, über den eure Seele Informationen des höheren Bewusstseins und Informationen aus vergangenen und zukünftigen Leben erhält. Sie ist nämlich frei von eurem Schwerkraftanzug, und doch muss sie um den Schwerkraftanzug des menschlichen Körpers herum präsent sein und ihn mit Energie versorgen.

Aber eure Seele ist viel größer als euer Menschsein.

Das habt ihr vielleicht schon von vielen Leuten gehört. Jetzt versteht ihr hoffentlich, warum.

Eure Seele ist buchstäblich größer als euer Menschsein und größer als euer menschliches Energiefeld. Der Rand eures menschlichen Energiefeldes ist das Herz eurer Seelenenergie, und die Seelenmembran existiert in einer größeren Hülle um es herum.

DIANNA: Nun, ich denke, das war ein wunderbares Gespräch darüber, was eine Seele ist und über alle möglichen Aspekte der Arbeit mit unserer Seelenenergie, und ich danke euch herzlich dafür.

DIE Z: Wir danken dir. Und wir möchten dich (und die Leserinnen und Leser) zum Abschluss noch auf etwas aufmerksam machen. Einige von euch sind ein wenig, sagen wir, »verwirrt« von der Tatsache, dass wir (aus eurer Sicht) jedes Mal, wenn uns eine Frage gestellt wird, vier bis zwölf weitere Gesprächsbereiche zu eröffnen scheinen. Bitte versteht, dass wir nicht versuchen, eure linearen Wünsche zu bedienen. Ihr seid als Menschen sehr darin geschult worden, linear zu denken. Doch es ist eindimensional, immer nur dieses lineare Denken befriedigen zu wollen. Wann immer ihr mit uns über eines dieser Themen sprecht, können wir zwar unser Bestes tun, um einen Kreis um das zu bilden, was ihr zu verstehen versucht, aber wir können einen Kreis nicht als einen einzigen Kreis sehen, so wie es euch antrainiert wurde, denn das ist aus unserer

Sicht nicht die Natur der Realität, und wir wetten, dass es künftig auch nicht die eure sein wird.

Es ist wichtig, dass ihr alle damit beginnt, euch wieder für die Multidimensionalität zu öffnen, nicht nur zu eurer eigenen Freude, zu eurem Vergnügen und eurer Erfahrung, obwohl das euer Leben viel reicher machen wird, sondern weil das der Weg für die Menschheit in den nächsten etwa einhundert Jahren sein wird.

Ihr werdet euch der Multidimensionalität immer stärker bewusst und verkörpert euch immer mehr als multidimensionale Menschen. Der Grund, warum wir bei unseren Antworten auf eure Fragen stets auf vier bis zwölf Aspekte eingehen, ist, dass wir euch zeigen wollen, wie sehr alles miteinander vernetzt und verwoben ist. Wenn also euer linearer Verstand anfängt, sich über euch zu ärgern, weil ihr versucht, logisch zu verstehen, was wir sagen, sind wir für euch wahrscheinlich die falsche Quelle. Wenn ihr mehr »irdisches Denken« sucht, dann lest von irdischen Autoren verfasste Handbücher. Lest ein technisches Handbuch, in dem euch erklärt wird, wie man etwas zusammenbaut. Wir dagegen laden euch in das Feld der Gedanken und des Bewusstseins ein, in dem wir existieren. Wir bieten euch eine Brücke zu diesem Feld an.

Denn in Wahrheit – viele von euch werden es nicht mögen, wenn wir das sagen, aber es ist die Wahrheit – halten wir unsere Antworten so eng begrenzt, wie wir nur können. Wir müssten eigentlich in jeder Antwort (wenn wir für euch verständliche irdische Begriffe benutzen) dreißig bis sechzig verschiedene Aspekte ansprechen. Aber das würde euch überfordern, und es wäre für euch auf eine Weise amorph, die euch nicht weiterbringt.

Wenn ihr also merkt, dass es euch frustriert, wie jede unserer Antworten weitere Fragen aufwirft, versucht bitte, euch ein wenig zu entspannen. Genießt die Reise! Fangt an, euch all diese neuen Bereiche näher anzuschauen, über die wir mit euch sprechen. Es ist nicht eure Aufgabe und auch nicht notwendig, alles, was wir sagen, vollständig zu verstehen und gedanklich nachvollziehen zu können. Vielmehr ist es eure Aufgabe, euch daran zu erinnern, dass dies die Art und Weise ist, wie die Seele sieht, erlebt und wahrnimmt. Es gibt so viele Fenster, durch die ihr als Seele schauen könnt. Und unsere Aufgabe und der Zweck jedes Gesprächs, das wir mit euch führen – ob wir nun durch jemanden wie Dianna unterstützt werden oder ob wir direkt zu euch sprechen –, besteht darin, diese vielschichtige Bewusstheit in euch zu öffnen.

Das ist der Zweck dieser Gespräche.

Statt euch also darüber zu ärgern, wie multidimensional alles ist, solltet ihr es feiern und erkennen, dass die lineare Denkweise, die ihr gelernt habt, begrenzt ist.

Und die Art und Weise, wie ihr jetzt durch diese Gespräche euer Denken öffnet, ist sehr wichtig für euch und hat tatsächlich sehr wenig mit uns zu tun. Es geht nicht darum, dass ihr linear zu verstehen versucht, was wir denken oder was wir sagen. Es geht darum, sich dem Teil von euch zu öffnen, der auf multidimensionale Weise Einsicht auf Einsicht aufbaut.

Die Welt durch eine multidimensionale Linse zu sehen, die Welt durch das multisensorische Wesen in euch zu spüren – das ist der Zweck dieser Gespräche.

Und wenn ihr euch nur darüber ärgert oder wütend seid, dass ihr das Ganze nicht eindimensional erfassen und definieren könnt, nun, dann willkommen in einem Leben voller Ärger und Wut! Die Multidimensionalität wird nicht verschwinden. Wir raten euch, das, was wir sagen, mit offenem Geist aufzunehmen. Wir wissen, dass das bei den meisten von euch der Fall ist, aber einigen kommt dabei ihre menschliche Programmierung in die Quere. Die Tatsache, dass es scheinbar unmöglich ist, diese Sache namens Leben mit linearem Denken zu ergründen, macht sie ein bisschen nervös. Natürlich gelingt euch das nicht. Das Leben ist so unermesslich groß, es ist kaum zu glauben, aber ihr seht es nur aus einer Perspektive. Und gerade das ist das Schöne am Menschsein.

Als menschliche Wesen hat man euch darauf trainiert, zu denken, dass euch etwas fehlen muss oder dass ihr es nie richtig machen könnt.

Wir laden euch dazu ein, liebevoll und friedlich diese Denkweise hinter euch zu lassen. Das wird euch ein viel glücklicheres Leben bescheren und euch erlauben, tiefer in die Fülle und Großartigkeit des Lebens als multidimensionale Menschen einzutauchen.

Gut. Frieden und Liebe für euch alle.

Danksagung

Danke, Dianna – nicht nur für deine Freundschaft, sondern auch für deine Bereitschaft, deine Leidenschaft und dein Geschick, diese Gespräche zu führen. Was für eine Entdeckungsreise!

Vielen Dank, Steven und Douglas, für all die Unterstützung und Liebe, die ihr uns beiden gegeben habt, während wir das auf die Beine stellten.

Vielen Dank auch an die wunderbaren Mitglieder meiner Online-Community *The Portal*, die diese Gespräche ursprünglich als Audios hörten. Ihre Begeisterung für den Inhalt hat die Buchveröffentlichung in vielerlei Hinsicht gefördert und unterstützt.

Vielen Dank, Anna Harris und Marti Bradley, für all eure frühe Arbeit mit den Transkriptionen und dem Lektorat; Kristen Cashman für ihre redaktionelle Arbeit, um das Buch über die Ziellinie zu bringen; Trent Barfield und Tracy Cunningham für das wunderschöne Design und Layout des Buchumschlags der amerikanischen Originalausgabe; und Jake Baca und Davor Bozic für die gekonnte Aufnahme der Audiodateien, die schließlich zu den Worten in diesem Buch wurden.

Wir danken Marc Allen und Georgia Hughes von der New World Library für ihre Bereitschaft, kurzfristig mit uns zusammenzuarbeiten. Und den brillanten Teams von Lee Harris Energy und der New World Library danke ich für ihre Arbeit und ihr Geschick, dieses Buch zum Leben zu erwecken und uns dabei zu helfen, es in die Welt hinauszutragen. Es braucht ein Dorf – oder in diesem Fall zwei Dörfer, die wunderbar zusammenarbeiten.

Und zu guter Letzt geht mein tief empfundener Dank an die Z dafür, dass sie darauf bestanden haben, aus diesen Gesprächen Bücher zu machen, und für so viel mehr, als ihr vielleicht jemals wisst oder erkennt …!

Lee Harris

Lee Harris ist als Channelmedium und Musiker weltweit anerkannt. Er bietet geerdete, praktische Lehren an, die sich darauf konzentrieren, bewussten, intuitiven und sensiblen Menschen dabei zu helfen, Heilung zu erfahren und ein besseres Leben zu führen. Sein erstes gechanneltes Buch, *Energie spricht*, wurde auf Anhieb ein Bestseller, und seine intuitiven Botschaften erreichen jeden Monat Millionen von Menschen über seine kostenlosen und sehr beliebten »Energy Update«-Videos auf seinem YouTube-Kanal und seiner Website. Seine englische Mitglieder-Community *The Portal* bietet Werkzeuge und interaktive Live-Lektionen, die seine Arbeit einer weltweiten Öffentlichkeit vorstellen. Lee bietet über hundert Audios und Online-Kurse an, in denen die Z vermitteln, wie man ein von der Seele angeleitetes Leben voller Klarheit, Kraft und Optimismus führen kann. Außerdem berät er in seinem kostenlosen Podcast *Impact the World* Heiler und Unternehmer, wie sie ihre Gaben in die Welt bringen können. Seine Workshops, die rund um den Globus stattfinden, sind Abenteuerreisen zu den tiefsten Aspekten des Lebens, der Liebe und des Erwachens. Als Musiker glaubt Lee zutiefst an die heilende Kraft unserer Kreativität. Seine hochgelobten Musikalben, darunter *I Am Peace*, *Transmissions* und *Awaken*, haben es bis auf Platz 1 der iTunes und Amazon New Age Charts geschafft.

Erfahren Sie mehr unter www.leeharrisenergy.com.

Dianna Edwards ist eine Psychotherapeutin und Autorin, die Menschen hilft, durch bewusste Wahrnehmung ihre eigene Authentizität zu entdecken. Ihre Leidenschaft ist es, neue Wege zu entwickeln und zu unterstützen, wie jeder von uns seine täglichen Erfahrungen in Gelegenheiten zur Selbsterkenntnis, Ermächtigung und Weisheit umwandeln kann. Es ist ihr eine Freude, ihre Zeit und ihre Ressourcen den lokalen Gemeinschaften, in denen sie lebt, zur Verfügung zu stellen. Sie ist die Autorin der preisgekrönten US-Buchreihe *Meet Patou*, die Kindern und Erwachsenen helfen soll, einige der emotionalen Herausforderungen des Lebens zu verstehen und zu verarbeiten. Die Bücher wurden an Bildungs- und Gesundheitseinrichtungen in den USA gespendet. Um ein breiteres Publikum zu erreichen, erschienen kürzlich auf YouTube kostenlose Online-Videos zu der dreiteiligen Buchreihe. Dianna ist besonders daran interessiert, Tod und Sterben zu einem Thema zu machen, über das offen gesprochen wird. Ihre Zusammenarbeit mit Lee Harris bei *Gespräche mit den Z* entstand aus ihrem Interesse, Lee bei der Erweiterung seines unglaublichen Werks zu unterstützen, in einer Zeit, in der immer mehr Menschen sich öffnen und wissen möchten, wie sie ihr größeres, spirituelles Potenzial entdecken und entfalten können.

Weitere Informationen über Diannas Arbeit finden Sie unter www.wisdomtranscends.com.

Stimmen zum Buch

»Die Energetik der neuen menschlichen Seele«

Band 1 der ›Gespräche mit den Z‹

»Lee Harris ist ein einzigartig begabter Mensch, ein spirituelles Channelmedium mit reinem Herzen, das uns die heilende Weisheit vermittelt, die wir brauchen, um unsere Welt zu erwecken.«

– **Alana Fairchild**, Musikerin und Bestsellerautorin des Kartensets *Sacred Rebels Oracle*

»Tiefgründige, humorvolle, bewegende, lehrreiche und atemberaubende kosmische Gespräche zwischen einer gut geerdeten Psychotherapeutin und den von Lee Harris gechannelten Z-Geistwesen, die uns kostbare multidimensionale Einsichten vermitteln. Jedem zu empfehlen, der in diesen chaotischen Zeiten nach spirituellem Rat und Inspiration sucht. Lassen Sie sich überraschen!«

– **Colette Baron-Reid**, Orakel-Expertin, spirituelle Intuitive und Bestsellerautorin von *Das Orakel der Krafttiere*

»Während meiner inzwischen zwei Jahrzehnte als Medium hatte ich das Vergnügen, mit vielen spirituellen

Lehrern und Heilern zusammenzuarbeiten. Dabei begegnet mir immer wieder ein Mensch mit einer ganz außergewöhnlichen Gabe: Lee Harris. Er gehört zu den Allerbesten. Er ist nicht nur eine erleuchtete alte Seele, er ist auch ein freundlicher und mitfühlender Mensch, dessen Arbeit dazu beiträgt, unser kollektives Bewusstsein anzuheben und zu erweitern. Lees neues Buch ist voll von dem, was ihn auszeichnet – es ist reich an Erkenntnis und Weisheit und überaus sympathisch.«

– **Ainslie MacLeod**, Medium, spiritueller Lehrer und Autor von *Was die Seele wirklich braucht*

»Lee Harris ist ein so offenes und herzzentriertes Channelmedium, wie man es sich nur wünschen kann. Und seine Führer, die Z, sind klare, berührende und freudige Boten wunderbar erdender Erkenntnis und Weisheit. In einer Zeit, in der sich unsere Realität mehr denn je zerrissen und unsicher anfühlt, haben mich diese Gespräche wieder mit den seelenvollen Wahrheiten unserer Menschlichkeit und Göttlichkeit in Kontakt gebracht und mich dazu ermutigt, stärker auf die natürliche Entfaltung des Lebens zu vertrauen. Lee und die Z helfen mir, mich friedvoller und mehr in der Welt zu Hause zu fühlen, und das ist an sich schon ein Wunder.«

– **Scott Stabile**, Autor von *Big Love: The Power of Living with a Wide-Open Heart*

Stimmen zum Buch

»Erwecke deine multidimensionale Seele«

Band 2 der ›Gespräche mit den Z‹

»Lee Harris führt mit göttlicher Liebe und tief verkörperter Weisheit. Indem er seine tiefgreifenden Gaben und Visionen mit uns teilt, gibt er uns allen die Erlaubnis, uns weiter zu entfalten und die herausfordernde Erfahrung des Menschseins mit Anmut, Kraft und einer inneren Harmonie zu leben, die die Welt verändern kann.«

– **Devi Brown**, Veranstalterin,
Gastgeberin des Podcasts *Dropping Gems*, Autorin von
Crystal Bliss und Chief Impact Officer von *Chopra Global*

»Danke an Lee und danke an seine wunderbaren Führer, dass sie sich die Zeit und die Energie genommen haben, um für uns alle dieses Angebot zu erschaffen. Ich habe das Buch gerade auf einer zufälligen Seite aufgeschlagen, und die Botschaft, die ich erhielt, war genau die Antwort auf eine Frage, die ich mit mir herumgetragen habe. Normalerweise können wir die kosmischen Antworten auf unsere menschlichen Fragen nicht ganz verinnerlichen, aber hin und wieder geht die Antwort direkt in uns hinein und verwandelt uns für immer. Dieses Buch hat die Kraft, genau das zu tun.«

– **Deva Premal**, Grammy-nominierte Sängerin einer Vielzahl von Bestselleralben

»Lee Harris' Buchreihe ›Gespräche mit den Z‹ ist ein faszinierender Dialog, der eine reichhaltige neue Perspektive auf die zugrundeliegenden Energien, die in unserer Welt wirken und spielen, die Bedeutung unserer Beziehungen und die Reise unserer Seelen hier auf der Erde bietet. Dieses erhellende und erkenntnisreiche Buch wird Sie auf wunderbare Weise daran erinnern, wie kostbar dieses Leben ist und wie groß wir alle sind!«

– **SARK**, Bestsellerautorin von *Succulent Wild Woman,* Künstlerin und Rednerin

»Lee Harris hat wieder einmal ein zeitgemäßes Meisterwerk geschaffen, das uns in unseren Bemühungen um Gedeihen, Transzendenz und Transformation unterstützt. Dieses Buch ist so einfach zu lesen und zu genießen. Ich freue mich schon auf das nächste Buch.«

– **Paul Samuel Dolman**, Autor und Gastgeber des Podcasts *What Matters Most*

Im Folgenden finden Sie eine Leseprobe aus Band 2 …

DIANNA: Ich möchte jetzt mit euch darüber sprechen, was es bedeutet, ein Mensch zu sein. Ihr habt einmal gesagt, dass ihr die dritte Dimension lieber bezeichnen würdet als »das planetare Gitternetz, das die Menschheit erdet und verankert«. Gibt es noch andere Planeten, die planetarische Gitter haben, mit denen die dortige Menschheit verankert wird?

DIE Z: Ja, wobei es allerdings derzeit auf anderen Planeten keine Menschen gibt. Es gab andere Planeten, die menschliches Leben trugen, aber jetzt gibt es auf ihnen kein Leben mehr. In kommenden Jahren wird es wieder Planeten geben, auf denen solches Leben existiert. Das hängt aber alles stark davon ab, wie sich die Dinge in den nächsten dreihundert bis fünfhundert Jahren auf der Erde entwickeln. Die Menschheit durchläuft gerade ihre ganz eigenen Veränderungen, und dadurch wird sich auch das Gitternetz verändern, in dem die Menschheit, drücken wir es einmal so aus: platziert wurde. Dieses Netz ermöglicht das Überleben der Spezies.

Was die Evolution der Menschheit angeht, stellt sich die Frage, wie die neue menschliche Seele beschaffen sein wird und wie der Frequenzwandel die Bewusstseinsebenen auf dem Planeten verändert. Es ist ja so, dass das Bewusstsein auf der Erde im Gleichklang mit dem Bewusstsein im Universum aufsteigt. Der Grund dafür, dass die Menschen gegenwärtig aufsteigen, ist dieser universale Aufstieg. Doch die Menschen sind starke Sender.

Abzuwarten ist, was geschehen wird, wenn die besondere Gruppe von Menschen, die gegenwärtig auf dem Planeten inkarniert ist, höhere Frequenzen aussendet. Das wird sich in zehn bis fünfzig Jahren zeigen. Wie wirkt sich eine wachsende Zahl erwachter Menschen frequenzmäßig nicht nur auf den Planeten aus, sondern auch auf das energetische Gitternetz, von dem die Menschen seit so langer Zeit ein Teil sind und das sie speisen und miterschaffen? Ja, dieses Gitternetz ist es, das euch alle sozusagen an Ort und Stelle hält. Aber ihr habt euch alle zu einer Zeit inkarniert, für die immer schon erwartet wurde, dass dieses energetische Gitternetz beginnt, sich zu öffnen, also lockerer und weniger dicht zu werden.

DIANNA: Nun, mir ist bewusst, dass die Schwerkraft uns hier Halt gibt. Wie trägt das Gitternetz denn noch zu unserem Überleben bei?

DIE Z: Energetisch ist dieses Gitternetz mit dem Sauerstoff vergleichbar. Ganz ähnlich wie Menschen zum Überleben Sauerstoff benötigen (jedenfalls die Menschen in ihrer gegenwärtigen physischen Gestalt), atmet ihr energetisch durch das Gitternetz. In diesem Sinne dient es euch eher, als dass es euch festhält. Uns ist bewusst, dass es für euch notwendig ist, dieses Netz zu anderen Zeiten durchaus in einem anderen Licht zu sehen.

Es muss aber noch ein anderer Aspekt dieses Gitternetzes angesprochen werden. Vor einigen Jahrtausenden wurde das Netz in einer Weise negativ verändert, dass die Energien des höheren Bewusstseins seitdem darin nicht mehr gut gedeihen können. Das geschah durch eine Gruppe, die damals auf die Erde kam und entschied, das Gitternetz zu verändern, um die Menschheit zu versklaven (bei diesem Wort müssen wir vorsichtig sein, aber anders können wir das, was diese Gruppe tat, nicht benennen). Wir wissen, wie dramatisch das klingt und dass es einigen von euch Angst machen kann, aber wir wollen damit sagen, dass diese Gruppe die Menschheit niederhalten wollte, um zu verhindern, dass die Menschen ihr wahres Potenzial entfalten.

Dies geschah als Teil von etwas, das ihr einen »Galaktischen Krieg« nennen würdet. Diese Art von Kriegsführung findet die ganze Zeit über statt. Die Erde ist regelrecht vom Krieg besessen, aber entstanden ist Krieg nicht auf der Erde. Die Kriegsenergie wurde auf die Erde gebracht und dazu benutzt, bestimmte niedere Schwingungen in der Menschheit zu verankern und die Menschen vom Geist der Erde abzutrennen.

Denn, darauf haben wir im Laufe der Jahre immer wieder hingewiesen, eine der mächtigsten Kräfte, die es auf eurer Erde gibt, ist unsichtbar. Sie ist nicht unsichtbar, weil sie zum Reich des Geistes gehört, sondern weil sie tief in der Erde selbst vergraben ist.

DIANNA: Könnt ihr uns vielleicht erklären, was das für eine Kraft ist?

DIE Z: Ja und nein. Wir können Andeutungen machen, aber wir haben nicht die Freiheit, euch das ganze Bild zu enthüllen, nicht weil wir euch täuschen oder etwas vor euch verbergen wollen; es gibt bestimmte universale Gesetze, die uns erlauben, euch Schritt für Schritt Wissen zu vermitteln, damit ihr im für euch richtigen Tempo euren Weg finden könnt. Zu viel zu schnell würde eure Entwicklung stören und damit den Entwicklungsschwung, der sich gegenwärtig in sehr guter Weise auf der Erde entfaltet, zunichte machen. Als ein Volk beginnt ihr gerade ein freies Bewusstsein zu entwickeln, auch wenn uns bewusst ist, dass vielen von euch derzeit das genaue Gegenteil zu schaffen macht: etwas, das ganz und gar nicht nach Freiheit des Bewusstseins aussieht.

Viel von *dieser* Agenda (dem Bestreben, die Freiheit der Menschen noch mehr einzuschränken) kommt aus der gleichen Energiequelle, die vor mehreren tausend Jahren das Gitternetz dichter machte als ursprünglich vorgesehen. Wir wollen das einmal folgendermaßen beschreiben: Im Inneren der Erde gibt es tatsächlich physische Kristalle und auch energetische Kristalle, die Schwingungen ausstrahlen. Viele dieser Kristalle wurden erst in den letzten Jahrzehnten »aktiviert«, was ein sehr kurzer Zeitraum ist. Sie heizen die Erde von innen auf und erhöhen die Frequenzen.

Diese Kristalle beginnen jetzt, mit ihrer Hitze die übermäßige Dichte des Gitternetzes zu durchbrechen und aufzulösen, die eurem Planeten damals vor Jahrtausenden aufgezwungen wurde. Euch erwartet in den kommenden Jahrzehnten eine Zeit der Unruhe und des Durcheinanders. Das liegt daran, dass ihr eine Phase eurer Geschichte auflöst, in der ihr manipuliert wurdet. Euch wurde eine Energiestruktur aufgezwungen, die euer Wachstum behinderte und euch davon abhielt, fruchtbar mit den elementaren und energetischen Kräften zusammenzuarbeiten, die im Inneren eures Planeten existieren.

Obwohl also viele von euch gerne hinauf in den Himmel schauen, um spirituelle Energie zu tanken, bitten wir euch, auch nach unten zu schauen. Denn die Erde ist voll von physischen Kristallen und energetischen Kristallen. Damit meinen wir Kristalle, die sich fortbewegen können. Und sie emittieren höhere Energien. Zum Beispiel gibt es in der Erde bestimmte Schlüsselkristalle, die vor Jahrtausenden dort positioniert wurden und immer schon dazu gedacht waren, an der Evolution nicht nur der Menschheit, sondern der gesamten Erde mitzuwirken.

Wir möchten es so ausdrücken: Wenn derzeit Wesen, die auf anderen Planeten leben, auf die Erde schauen, nehmen sie von der Menschheit nicht viel wahr. Sie mögen einen vagen Eindruck von der Menschheit empfangen, aber was sie vor allem wahrnehmen, ist die Erde selbst. Wenn ihr auch gegenwärtig alle zur Energie der Erde beitragt, nehmen sie doch hauptsächlich wahr, was der Planet selbst emittiert und wie er pulsiert.

Lesen Sie weiter im nebenstehenden Buch …

LEE HARRIS
mit Dianna Edwards
ERWECKE
deine multidimensionale
SEELE
Gespräche
mit den Z
»Jedem zu empfehlen, der in diesen
chaotischen Zeiten spirituellen Rat sucht.« –
Colette Baron-Reid
AMRA

Pavlina Klemm & Sayama
Channeln lernen unter Einbezug der 5. Herzkammer
78 Minuten geführte Übungen, Jewelcase, Booklet
€ [D/A] 19,99 • ISBN 978-3-95447-681-7

Energetischer Schutz, Heile deine Chakren, Neuanbindung der Seele, Selbstliebe und *Sonnenklang* – so heißen die fünf anderen Ausbildungs-Sets der SPIEGEL-Bestsellerautorin Pavlina Klemm. Alle enthalten, von ihr gesprochen, Übungen und Meditationen der Plejader zu diesen Themen sowie gechannelte Heilsymbole.

Michael Reimann & Pavlina Klemm
Kolloidales Germanium [Rife & Solfeggio]
79 Minuten Reiner Klang, Jewelcase, Anleitungen
€ [D/A] 19,99 • ISBN 978-3-95447-680-0

Bisher sind in der Reihe der Kolloidalen Elemente erschienen: *Gold, Silber, Kupfer, Zink, Platin, Eisen, Magnesium, Silizium* und *Germanium.* Die verwendeten Frequenzen gehen in Resonanz mit dem natürlichen Anteil dieser Elemente im menschlichen Körper – durch wundervolle Heilmusik, die Ruhe und Harmonie bringt.

Michael Reimann & Pavlina Klemm
Leber-Aktivierung [528 Hertz Solfeggio]
74 Minuten Reiner Klang, Jewelcase, Anleitungen
€ [D/A] 19,99 • ISBN 978-3-95447-498-1

Auch die Aktivierungs-CDs von Michael Reimann für *Zirbeldrüse, DNA, Chakren* und *Leber* enthalten heilsame Solfeggio-Frequenzen. Eingebettet in harmonische Kompositionen regenerieren sie wichtige Funktionen des Körpers. Die Booklets mit Meditationsanleitungen und Channelings schrieben Jeanne Ruland und Pavlina Klemm.

Sayama, der Musiker von Pavlina Klemm
Selbstheilung Nachtanwendung [528 Hertz Solfeggio]
78 Minuten Reiner Klang, Jewelcase, Anleitungen
€ [D/A] 22,– • ISBN 978-3-95447-466-0

Regeneration durch erholsamen Schlaf, energetischen Schutz und Detox mit Hilfe von Planetenklängen, Solfeggio-Frequenzen und des Sonnentons, das bietet die vorliegende CD, zu der es auch eine *Tagesanwendung* gibt. Es geht darum, belastende Energien aus den bioenergetischen Systemen des Menschen wieder zu entfernen.

Pavlina Klemm & Sayama
Lichtbotschaften von den Plejaden [Plejaden-Frequenz]
78 Minuten geführte Übungen, Jewelcase, Booklet
€ [D/A] 19,99 • ISBN 978-3-95447-574-2

Zur größten deutschen Channelbuchreihe *Lichtbotschaften von den Plejaden* der SPIEGEL-Bestsellerautorin Pavlina Klemm sind zehn Übungs-Sets erschienen. Sie enthalten Meditationen und Anleitungen aus den Büchern und teils neues Material, das jedem die Möglichkeit zur Selbstbehandlung gibt, aufgeladen mit plejadischen Frequenzen.

Alle CDs auch als Download erhältlich auf www.AmraVerlag.de